青少年
户外运动
学练技巧一点通

周博 著

中国书籍出版社
China Book Press

图书在版编目 (CIP) 数据

青少年户外运动学练技巧一点通 / 周博著 . -- 北京：中国书籍出版社，2021.7

ISBN 978-7-5068-8611-6

Ⅰ.①青… Ⅱ.①周… Ⅲ.①体育锻炼 – 青少年读物 Ⅳ.① G806-49

中国版本图书馆 CIP 数据核字（2021）第 155508 号

青少年户外运动学练技巧一点通

周　博　著

责任编辑	张　娟　成晓春
责任印制	孙马飞　马　芝
封面设计	仙　境
出版发行	中国书籍出版社
地　　址	北京市丰台区三路居路 97 号（邮编：100073）
电　　话	（010）52257143（总编室）　（010）52257140（发行部）
电子邮箱	eo@chinabp.com.cn
经　　销	全国新华书店
印　　厂	三河市德贤弘印务有限公司
开　　本	710 毫米 × 1000 毫米　1/16
字　　数	156 千字
印　　张	13.5
版　　次	2022 年 5 月第 1 版
印　　次	2022 年 5 月第 1 次印刷
书　　号	ISBN 978-7-5068-8611-6
定　　价	48.00 元

版权所有　翻印必究

前言

沐浴阳光下，听风语，闻花香，看风景，体验户外运动的畅快淋漓，舒展身心。

恰同学少年，风华正茂，积极参与户外运动，能增强体质、强健身体、磨炼意志、提高智力，有助于促进青少年健康成长。

本书系统地阐释了青少年参与户外运动的内容与方法，关注和助力青少年科学参与户外运动、全面健康发展。

首先，翻开本书，了解魅力无穷的户外运动，认识积极参与户外运动的诸多益处；提前准备、科学参与，掌握参与户外运动的准备知识。

其次，跟随本书，参与丰富多彩的户外运动，感受走跑跳投的欢乐；领略轮滑、滑板、自行车、放风筝等活力户外运动的风采；融入集体，体会户外球类运动带来的欢乐与启发；走向青山，参与登山、攀岩、滑草、定向越野等户外高山运动；拥抱绿水，体验游泳、潜水、漂流、冰雪运动等冰水运动别样的乐趣；挑战自我，尝试户外拓展、垂钓、野营等户外运动，历练更优秀的自己。

最后，掌握户外运动防护知识与方法，保护自我户外运动安全，更好地享受户外运动快乐，收获健康，茁壮成长。

本书结构完整，内容丰富，语言轻松活泼，书中特别设置了"户外畅聊""健康知识"两个板块，以帮助青少年更好、更轻松地参与户外运动，享受户外运动。

亲近自然，畅享运动，绽放青春，快来一起参与户外运动吧！

作者

2021年6月

目录

第一章 走向户外，做阳光好少年 / 001

关注运动，助力青少年健康成长 / 003

积极运动，健身、健心又益智 / 007

魅力无穷的户外运动 / 015

第二章 别急，运动前的必要准备不可少 / 023

挑选服装和鞋袜 / 025

检查运动装备 / 029

注意防晒 / 031

必不可少的热身 / 035

其他准备 / 039

第三章　亲近自然：恣意走跑跳投 / 041

健身走跑 / 043

跳与投 / 049

好玩又有趣的户外游戏 / 055

第四章　独具风采：户外活力运动 / 061

轮滑 / 063

滑板 / 069

骑行 / 075

放风筝 / 083

第五章　融入集体：户外球类运动 / 089

足球 / 091

篮球 / 097

网球 / 103

其他球类运动 / 109

第六章　走向青山：户外高山运动 / 115

登山 / 117

攀岩 / 123

滑草 / 131

定向越野 / 137

第七章　拥抱绿水：户外冰水运动 / 143

游泳 / 145

潜水 / 151

漂流 / 157

冰雪运动 / 161

第八章　挑战自我：酷炫拓展训练 / 167

户外拓展项目 / 169

垂钓 / 175

野营 / 179

第九章　科学运动防护，安全归来 / 187

及时补水 / 189

运动伤病的及时处理 / 193

运动后的整理放松 / 203

参考文献 / 207

第一章

走向户外，做阳光好少年

户外，空气清新，阳光明媚。

户外，场地空旷，环境幽雅。

走向户外，积极运动，拥抱大自然，有利于青少年的身体和智力发育。

作为青少年的你想不想拥有强健的体魄和灵活的大脑？那就走向户外，积极锻炼，做一个阳光好少年！

关注运动，助力青少年健康成长

户外畅聊

走路去上学，在操场上奔跑，到户外去爬山，都是在运动，动起来，身体才更有活力，精神才更加饱满，所以关注运动并参与运动非常重要。

你关注过体育运动吗？你都参加过哪些体育运动呢？你从中收获了什么呢？

什么是体育运动？为什么要关注体育运动？

体育运动就是人们采取走、跑、跳等各种形式来有意识地培养自身素质的各种活动。

关注体育运动并积极参加体育运动，对强健体魄、改善大脑功能、缓解身体疲劳等十分有利。

作为正在长身体的青少年，关注和积极参与体育运动，益处更是明显。它可以改善骨骼发育，促进血液循环，促进大脑发育，提升大脑智力，为身体的健康成长保驾护航。

但青少年身心发展的现实情况却有些不容乐观，甚至让人担忧。身体肥胖、瘦弱无力、容易疲乏、免疫力低下、近视等问题在青少年身上十分常见，青少年的身体素质普遍下降。

所以，引导青少年积极参与体育运动非常必要，而且刻不容缓。当然，这需要学校、家长和青少年三方合力，才能真正促进青少年健康成长。

我国非常重视青少年的身心健康发展，教育部实施"每天一小时"计划确保中小学生有充足的锻炼时间，中小学生每天在学校的锻炼时间不少于 1 小时。很多学校还开展"阳光体育活动"，助力学生茁壮成长。

家长要以身作则，引领孩子关注和积极参与体育锻炼。现在，很多家长都意识到了体育锻炼对孩子身心健康发育的影响，所以都积极带领孩子参与各项室内和户外运动，助力孩子健康发展。

青少年要爱护自己，关注自己的健康成长，要提高运动锻炼意识，并在学校和家长的帮助下，走向操场，走向户外，积极进行体育锻炼，为自己的身体健康努力，为自己的未来发展负责，争做一个四肢强健、内心强大、头脑灵活的阳光少年。

健康知识

青少年身体健康的标准

提起身体健康，人们脑海中首先浮现的可能就是发达的四肢、强有力的体魄。但仅仅是这些吗？当然不是。青少年身体健康的内涵是很丰富的，其标准也是多样化的，具体如下：

- 智力正常。
- 情绪稳定具有协调性。
- 社会适应能力良好。
- 人际关系和谐。
- 行为适度、反应能力协调。
- 心理年龄与实际年龄相符。
- 心理自控能力较好。
- 个性特征健全。
- 恰当自信。
- 具有一定的心理承受能力。

可以看出，健康的身体包含很多的因素。而要想拥有一个健康的身体，就应该积极参加体育运动，因为适度的体育运动能让你的身体保持在健康的水平。

积极运动，健身、健心又益智

户外畅聊

一个热爱并坚持某项或某几项运动的青少年，往往会有这样几个特点：身体健康、乐观向上、聪明伶俐。

积极参与运动，有利于青少年的身心健康与智力发展。那么，为什么积极参与运动就可以促进青少年的身心健康和智力发展呢？

俗话说："生命在于运动"，不运动，人就很容易失去"活力"。这里的"活力"，既可以指人的身体的活动能力，又可以指面对事情时表现的乐观态度。

运动，对于青少年来说非常重要。

运动为什么可以健身、健心

★ 运动能强身健体的秘密

运动可以促进青少年生长发育，强健体格

青少年在运动过程中需要频繁地活动四肢、躯干，而身体的活动主要靠的就是各个部位骨骼和肌肉的扭转、牵拉等。

青少年时期是人体骨骼和肌肉生长发育的关键阶段。此时，骨骼和肌肉对运动的反应最为敏感。在营养充足的前提下，积极参与体育运动，能显著提高骨密度和增加肌肉力量，这对促进骨骼和肌肉的生长非常重要。

坚持运动，拥有强健体格

运动可以改善青少年的心脑血管功能

运动时，人的心跳会比安静时快很多。因为在运动时心脏的血液循环会加快，心脏所承受的压力也会变大，所以心跳会加速。

如果经常参与一些体育运动，那么就可以通过运动调节心脏的代谢功能，提高心肌的工作能力，增强收缩力，提升心血管系统的适应性，让你的心脏、体内血氧供应能力变得更强。

运动可以增强青少年的呼吸系统功能

经常参与运动，可以有效提升呼吸肌的力量，扩大胸腔的活动范围，提高肺活量，大大改善肺的通气功能，让气体交换的速度越来越快，增强肺功能。坚持运动锻炼一段时间后，你会发现你的肺活量变大了就是这个道理。

运动可以帮助青少年增强身体免疫力

运动可以使免疫功能细胞的总数暂时升高，数小时后恢复正常。当白细胞数量处在上涨阶段时，有利于身体消灭入侵的病原微生物。

青少年长期坚持有规律的运动，细胞免疫功能的活性就会有所增强，也会提高在安静状态下免疫功能细胞的数量。因此，青少年积极参与运动，将会提高其身体的免疫机能，从而拥有更强的抗病能力。

如今，有不少青少年都存在免疫力低下的问题，经常生病，这不但会让青少年经常遭受病痛的折磨，还会影响学习。如果你身边有这样的同学和朋友，要多鼓励他参与体育运动锻炼。相信坚持一段时间科学的运动，他们的体质就会增强，会有很大的收获。

运动可以预防和缓解肥胖

你自己或你身边有没有身材比较偏胖的同学和朋友呢？

现在，有很多青少年都是"小胖子"，肥胖成了困扰许多青少年的问题。肥胖问题严重威胁着青少年的身体健康。

积极运动是预防和缓解肥胖的安全、有效方法，选择一项或者几项适合减肥的运动，再调整好饮食及作息习惯，坚持一段时间后，体重就会有明显的变化。

运动会消耗运动者身体多余的脂肪，促进新陈代谢，是一种有效的减肥方式。运动可以改善神经与内分泌系统的调节功能，使人体代谢保持正常，避免体内脂肪堆积。

青少年在运动时，肌肉的活动需要一定的能量来支撑，此时就会消耗体内的糖类与脂肪，从而使体重恢复正常，身体各项机能也会达到正常水平，最终为更高效地生活和学习打好健康的身体基础。

★ 运动可以健心的秘诀

运动实践表明，运动可以刺激人体内啡肽的分泌，内啡肽分泌的增多可以让人拥有愉悦的心情。

青少年积极参与运动利于其调整紧张的情绪，改善心理状态，恢复精力。

青少年可以通过运动释放自己的压力，跑掉"烦恼"，跳过"困惑"，让自己全身心地诠释动作、呈现技巧。这样，青少年的身心就会得到充分的舒展，从而拥有更好的学习状态。

青少年参与集体与竞赛项目的运动，还能在强身健体的基础上提高团队协作能力，强化集体意识，利于心理健康。

运动使人快乐

运动有助于发展智力

运动时人体内的血氧需求量大,这有利于提高机体的含氧量,从而提高大脑思维的敏捷性和身体的灵敏性。

以打篮球为例,打篮球可以锻炼青少年的思维活动能力。因为篮球技战术行为的质量与效果都离不开思维能力。没有积极的思维就不能在错综复杂的变化中做出准确的判断,也就无法揭露、识破对方的战术,从而无法明确自己的对策。

又如,经常打网球可以发展青少年的逻辑思维能力和预判能力。因为在打网球时需要准确判断球的落点,还要考虑同伴和对手的位置变化,也要预判球的反弹方向和力度等,这些都有助于锻炼大脑的推理与判断能力。

此外，科学的运动后，睡眠会有明显的改善，大脑得到充分休息后有助于提升记忆力和注意力等水平，如此更加有助于青少年的思维发展。

在户外运动中，青少年有机会呼吸到新鲜空气，这样可以让身体获得更多的血氧，能为智力发育奠定良好的生理基础。

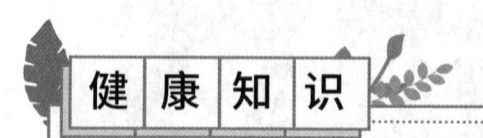

健康知识

减肥不减力

每一位青少年肥胖者都期盼着自己能早日通过运动摆脱"胖子"的身份，迎来自己的高光时刻。青少年的这种急切的心情是可以理解的，但减肥是要讲究方式方法的，切不可做"丢了西瓜捡了芝麻"的事情。

青少年减肥最容易出现的一个问题就是，瘦是瘦下来了，力气也小了许多。所以，建议每一位即将减肥或正在减肥的青少年肥胖者，减肥时不要减力。

力，指肌肉的爆发力、耐力及体能综合水平。你也可以简单地将力理解为力量。

不少青少年肥胖者在减肥过程中因为运动负荷太大、营养摄入不均而出现头晕、乏力等问题。其实，减肥是一项需要长期经营的"事业"，是要循序渐进展开的，不能一上来就做一些强度很高的运动。另外，运动减肥期间还要保持体内营养的均衡，做到合理膳食，保证蛋白质、无机盐及维生素的充足摄入。

　　总之，真正健康的身体是既要有标准的体型，又要保持一定的力量。

魅力无穷的户外运动

户外畅聊

如果长期在室内做一些重复的健身动作很容易让青少年感到单调乏味,甚至慢慢失去兴趣,所以适当地参与一些户外运动将会给青少年带来不一样的感觉。

你经常参与户外运动吗?户外运动的感觉与室内运动的感觉真的有很大的不同吗?与室内运动相比,你认为户外运动有着怎样的魅力呢?

户外运动魅力面面观

青少年对世界还处在探索阶段，喜欢新鲜事物，乐于挑战，同样对体育运动也会有这样的诉求。如果长时间不运动，只是简单地进行一些室内活动，很容易失去对运动的兴趣。

大多数青少年都向往自然，渴望户外运动，这是因为户外运动可以带给青少年不一样的感觉，让心灵获得自由，让身体得到锻炼。放松过后，青少年更容易全身心地投入到学习中。

户外骑行中欣赏风景的少年

户外运动与室内运动最大的不同就是，进行户外运动能直接感受户外的一切事物，如冷热分明的温度、暖洋洋的太阳、清新的空气、清脆的鸟鸣、高大的树木、整齐的草坪、洁白的雪花、不断经过的行人等。与同学、亲友一起参与户外运动，还能享受可贵的友情和亲子欢乐。

户外踢球的父女

下面，具体梳理下户外运动的魅力表现：

其一，参与户外运动，你可以一边运动一边享受美好的大自然。

其二，参与户外运动，你会有更多的机会经历各种气候条件变化，如此经过长时间的锻炼，就慢慢会提高身体对自然环境的适应能力。

其三，参与户外运动，可以加速你身体内部的新陈代谢，使你更好地吃饭、喝水，养成健康的生活习惯。

其四，参与户外运动，你可以充分享受阳光照射带来的好处。例如，晒太阳可以使你更好地吸收钙和磷，利于骨骼的生长；阳光中的紫外线对人体和衣物也有杀菌消毒的作用。

其五，参与户外运动，你会有机会接触到更多的人、事，从而能提高与他人相处和合作的能力。

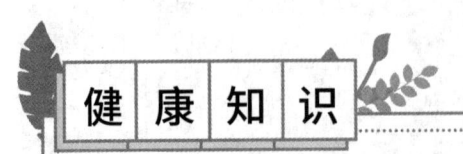

健康知识

户外运动注意事项

虽然户外运动有着无穷的魅力，但也不能盲目参与。在参与户外运动之前或者运动中应该注意一些事项。

- 提前了解或熟悉运动的环境，做好安全防范。
- 远离冒险运动，不要做不适合自己年龄和水平的运动，如极限运动，增强安全意识。
- 做好团队的沟通工作，不要掉队。
- 量力而行，如果运动中出现体力不支，要及时放弃，不可勉强。
- 备好食物、水及必要的急救药品。
- 掌握基本的急救与自救知识，关键时刻沉着冷静应对。

总之，在参与户外运动中要事先清楚一些注意事项，这样才能更好地投入到运动之中，尽情享受户外运动带来的快乐。

看一个人是不是真的喜欢某项运动其实很容易，那就是看其是否在每次运动之前都是满怀期待，在运动过程中是否表现得非常享受，运动后是否感到很满足。

但是，要让一个人真正地爱上某项运动或者对某项运动始终保持积极的态度并不容易。

对于作为青少年的你来说，要想保持自己对运动的积极性，首先应该学会选择适合自己的运动项目，然后可以为自己设定一个目标并执着地坚持下去，让运动真正发挥出健身、健心及益智的效用。

户外运动丰富多彩，选择适合自己的很重要

青少年只有保证所选的户外运动项目是适合自己的，才能坚持下去，并有所收获。

★ 选择自己感兴趣的运动项目

青少年在选择运动项目时，首先要考虑自己是否有兴趣。

不少青少年之所以会选择某项运动，就是因为班里要好的同学也在进行这样的运动，目的就是想有更多与同学相处的时间。起初，这些青少年可能会出于友情而强迫自己完成这项运动，可时间久了，他们或许就会觉得这是一件非常痛苦的事情。最终，这些青少年很可能会因为心力交瘁而放弃这项运动。所以，选择自己感兴趣的运动项目很关键。

如果你喜欢挑战速度，可以选择短跑；如果你喜欢对抗，可以选

择篮球、足球等；如果你喜欢展示平衡性，可以选择轮滑、骑行等；如果你喜欢冒险，可以选择攀岩、野营等。

在户外集结的少年橄榄球队

★ 根据自己的身体状况选择运动项目

青春期是青少年绕不开的一个话题，如何健康地度过青春期，使身心得到良好的发展，是很多青少年非常关心的问题。

如果你正处在青春发育的初期，那么最好选一些以协调性、柔韧性和灵敏性为主的运动项目，如乒乓球、跳绳、健美操、武术等。

如果你正处在青春发育的中期，所选择的体育项目最好是以速度为主的并且兼顾青春初期的一些运动项目，如跑楼梯、打羽毛球等。

如果青少年正处在青春发育的后期，那么选择的体育项目可以是对耐力、力量等速度有更高要求的运动项目，如登山、游泳、足球、篮球、杠铃、滑冰等。

当然，在选择运动项目时，必须考虑自身的身体情况，如果患有心脏方面的疾病，尽量不要进行较为剧烈的运动，最好听从专业人士的建议，如进行慢走等运动。

★ 根据自己的心理特点选择运动项目

一些青少年特别喜欢尝试新鲜事物，喜欢冒险，所以更愿意参与一些有挑战性的运动。对此，可以在确保自身安全的前提下，参与一些如潜水、漂流、登山等项目。

有些青少年性格活泼，愿意与人交际，所以更乐于参与一些集体运动。对此，青少年可以选择一些需要团队协作的运动，如野营、足球、篮球等。

有些青少年喜欢安静，只想独自一人或者三两好友一同运动。对此，青少年可以选择轮滑、垂钓等运动项目。

你属于以上哪一种类型的青少年呢？快来想一想然后去选择适合自己的体育运动项目吧。

★ 根据自己的时间选择运动项目

青少年有很多课业任务需要完成，要将很多的时间和精力放在学习上。因此，青少年在选择运动项目时，必须考虑到自己的时间问题。

在寒暑假、节假日时，课业任务不那么重，会有比较充裕的时间参与户外运动，所以可以选择在寒暑假或周末参与放风筝、骑行、打球、登山、野营等运动。

临近期末时，建议最好别参与篮球比赛、足球比赛、登山等强度较大的运动，也尽量不要参与野营、垂钓等用时较长的运动，避免因为精力或时间分配不均而影响学习。

除了周末，青少年每天可能只有早上上学之前、中午放学和晚上放学后才有时间运动，此时建议可以参与一些用时较少、强度不太大的运动，如跳绳、慢跑等。

第二章

别急，运动前的必要准备不可少

参与户外运动，健身、健心又益智。想到要参与户外运动你是不是已经跃跃欲试了呢？别急，参加户外运动可不是只凭着一腔热情就可以的，在运动之前你还有很多事情要做。

在运动前，除了要准备运动器材和装备，你还必须做好身体准备、心理准备，这是非常重要的，不容忽视。

那么，户外运动前的各种准备具体包括哪些内容呢？一起来了解一下吧！

挑选服装和鞋袜

户外畅聊

原计划早起在公园跑上两圈儿，可没跑几步就发现，鞋子不合脚，袜子总往下滑，最让人恼火的是衣服穿多了，热得难受。无奈，只能回家重新准备服装和鞋袜。看来，要想好好运动，就必须好好挑选服装和鞋袜。

你在运动前会精心挑选专业的服装和鞋袜吗？你是否因为一时疏忽，没选对服装或鞋袜而影响自己在运动场上的正常发挥呢？你知道要怎么挑选运动服装和鞋袜吗？

服装和鞋袜的重要性

在户外运动中，服装和鞋袜选得是否合适，会对你的运动舒适感和运动效果产生很大的影响。

跑步要有适合跑步的服装和鞋袜，爬山要有爬山的服装和鞋袜，游泳也要有游泳的服装等。如果你在户外运动中穿的服装和鞋袜不合适，那么不仅会影响你的一些技术动作的学练和施展，还有可能影响你的动作发挥而引发一些不必要的运动损伤。

因此，在开展户外运动之前，要事先挑选好服装和鞋袜。

在选择运动服装和鞋袜时，要考虑到三点要求：安全性、舒适性、功能性。

服装的选择

当要进行一些身体活动幅度较大的户外运动时，最好选择一些轻便、合体的运动服装。

跑步时，应选择涤纶面料、轻巧、弹性大的速干衣。

登山、涉水时，应选择有防水功能、轻便、透气的冲锋衣。

游泳时，应选择贴身、阻力小、速干的泳衣，而不要单纯为了追求款式而购买和穿不实用的泳衣。

除了功能性，在运动时，穿衣数量、薄厚、松紧程度等都有讲究。

如果衣服太厚重，将会增加身体的负担；如果衣服太紧，会让皮肤不断地被摩擦导致受伤；如果衣服过于宽大，会增加运动阻力。

另外，不同季节或者气温要搭配不同的运动服装。比如，夏天跑步可以选择运动短裤和跑步背心，冬天跑步则可以选择跑步长裤加上速干T恤或者跑步长袖，再穿一件防风的跑步夹克；夏天打篮球最好穿运动短裤和背心，冬天则最好穿运动长裤和舒适的卫衣。

鞋袜的选择

选择鞋袜时，最重要的就是合脚。只有穿上合脚的鞋袜，在户外运动中才能更好地做一些蹬地、转身、跳跃等动作。另外，鞋袜还必须有很好的吸水性和透气性，不要选择塑料鞋或者皮鞋。

当然，不同的户外运动方式要选择具有不同功能的鞋袜。

参与慢跑，要选择具有舒适透气、高避震系统、提供支撑力、全方位抓地力等功能的球鞋。

参与爬山，要选择防水、质地软、轻便、透气性好、耐磨的登山鞋。

参与足球运动，建议选择材质较轻、抓地力好、包裹感好、触感好的球鞋，选择弹性好、防滑、吸汗的球袜等。

不同款式的运动鞋

检查运动装备

一些户外运动除了要有专业的运动服装和鞋袜，还要配置一些运动装备，如背包、登山绳、头盔、滑雪板、手套、多功能水壶等。因此，为了防止因为突发状况而影响运动，在运动之前需要认真检查一遍运动装备。

常见户外运动装备

检查运动装备是否齐全

在运动前,要检查运动所需要的装备是否齐全,如果有短缺的情况,要及时把缺的运动装备补上。

比如,要在游泳之前检查是否带好泳衣、泳裤、护目镜、耳塞、鼻夹等基本的游泳装备。如果是初学者还要带上救生圈、泡沫塑料打水板等浮体物品。此外,还要备好洗浴用品,如毛巾、洗发水、沐浴露、香皂等。

再如,想要学练滑冰,应该检查是否备好了头盔、护膝、手套、厚袜子、肘腕保护套等。

检查运动装备是否有破损

破损的运动装备可能给参与运动的人带来危险,因此运动前检查运动装备是否有破损是很有必要的。如果发现有存在破损的装备,一定要重视并及时修补或更换。

比如,游泳前检查所带的救生衣、游泳圈是否有漏气,以免发生事故;骑车前检查自行车是否有轮胎气不足、链条轻微断裂、刹车不灵等问题;在使用户外的锻炼器械前,要检查是否有螺丝松动、开裂等问题。

当然,对于一些存在一定危险性的运动,在检查装备时最好更加仔细一些。你可以在自己检查完一遍后,由同伴、父母或老师再系统地做一次或多次检查,确保没有遗漏。

注意防晒

青少年参与户外运动不可避免地会被晒到。适当地接受阳光的"沐浴"不但利于青少年骨骼的生长,而且能增强他们的适应能力和意志力。但长时间暴晒却会导致皮肤晒伤。

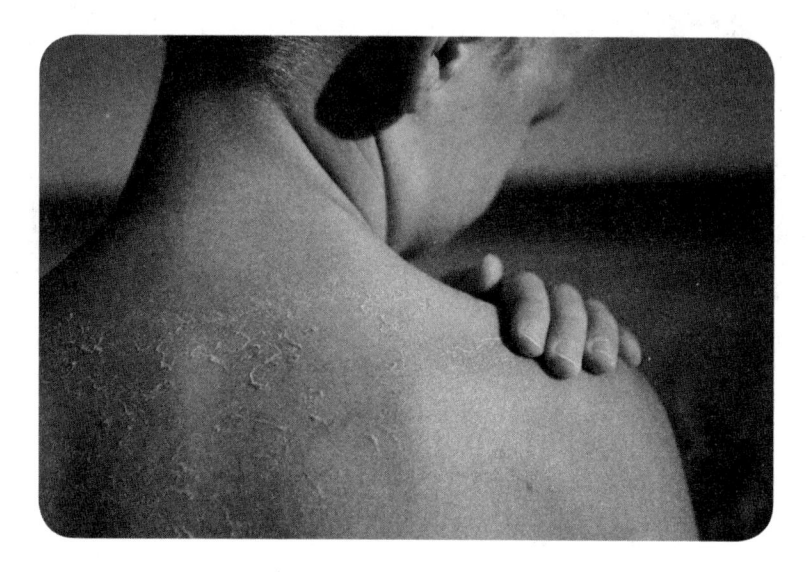

皮肤晒伤

如果青少年完全不在意太阳直射，长期将自己暴露在阳光下，将可能给身体带来危害，如皮肤晒伤、中暑，甚至诱发心脑血管等疾病。因此，青少年在参与户外运动时，有必要做好防晒工作。

防晒的方法主要有三种：一是尽量避开太阳直射的时间和地点；二是认真涂抹防晒霜；三是穿上防晒服，戴上遮阳帽、太阳镜等。

青少年的皮肤比较娇嫩，在阳光下长时间暴晒更容易晒伤，因此青少年参加户外运动的时间可以选择在上午七八点或者下午三点以后，并且可以选择一些不容易被晒到的地方进行户外运动，如在林荫小道快走，在有遮挡的室外踢足球、打篮球、攀爬等。

在树荫下攀爬绳索

为了避免晒伤，青少年在参与户外运动之前要认真为自己的皮肤涂上防晒霜，这样可以防止皮肤受到紫外线的伤害，以免出现晒伤或者晒黑。防晒霜建议在出门前半个小时涂，出门前再补涂一次，这样更利于皮肤的吸收，会起到更好的防晒效果。

另外，经常参与户外运动的青少年，应选择 SPF 值高的防晒霜，SPF 值要在 30 以上，这样才能有更好的防晒作用。

如果青少年所要参与的运动动作幅度不是很大，在不影响动作和不危害身体的前提下，可以穿上防晒衣，戴上太阳镜、遮阳帽、防晒袖套等。

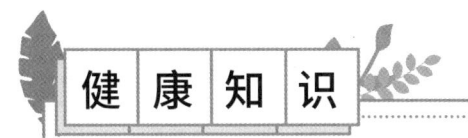

健康知识

紫外线——太阳光中伤害皮肤的物质

太阳光中的紫外线具有一定的穿透性，即便在阴天，它也能穿过云层，直达地面，很容易对喜爱户外运动的青少年的皮肤造成伤害。可见，青少年做好户外运动的防晒很重要。

紫外线有三种：近紫外线（UVA）、中紫外线（UVB）和远紫外线（UVC）。UVC 可以被地球表面的臭氧层抵挡住，但 UVB 和 UVA 则不能被控制或者减弱，因此 UVB 和 UVA 会对青少年的皮肤造成较大伤害：UVB 会伤害人体的表皮，UVA 则会伤害人体的真皮层。

具体来说，紫外线会对青少年的皮肤带来以下问题：

- 干燥缺水。

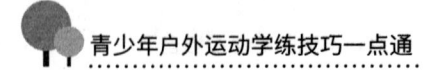

- 色素沉淀。
- 红斑。
- 光敏反应，如脱皮、瘙痒、出红疹。
- 皮肤提前老化。
- 皮肤肿瘤、黑素瘤、皮肤癌。

可见，太阳中的紫外线对青少年的皮肤会造成很大危害。

必不可少的热身

青少年在开展户外运动之前必须进行一定的热身，这是因为身体在从安静状态过渡到运动状态时，需要一个逐渐适应的过程，而且运动时需要身体各个部位的协调配合。热身就是为接下来更为强烈的身体活动做好准备。

热身的作用

具体来说，青少年在开展户外运动之前的热身主要有以下几个作用：

其一，热身可以提高体温，能有效预防及减少运动对肌肉以及韧带的损伤。

其二，热身可以增加血流量，让氧气加快扩散，从而增加肌肉的供氧。

其三，热身可以提高神经系统的兴奋性，利于达到预期的运动效果。

热身让神经系统兴奋起来

其四，热身可以加速人体的物质代谢，同时加强能量释放，有效加快脂肪燃烧的速度。

其五，热身能为青少年留出调整心理的时间，使其更快地投入到户外运动中。

热身的注意事项

虽然热身有诸多好处，但不是热身的时间越长就越好。通常，青少年可以在户外运动之前做3~6分钟的热身运动。

最合适的热身时长是总运动时长的 10%～20%。比如，青少年要在室外慢跑 30 分钟，可以做 3～6 分钟的热身运动。当然，热身的时长还要根据运动的项目、青少年的体质差异、季节及气温的不同，而做不同的调整。

达到微微出汗时，即可结束热身运动，或者根据心跳的次数来决定何时终止热身运动。通常，热身运动时的心率达到最大运动心率的 60%～70% 为最佳状态。

热身的方式

户外热身的方式有很多，具体应该根据运动项目的特点及青少年的身体状况进行选择。这里推荐几个简单的热身动作。

头部运动：身体站直，两手叉腰，头部只需简单地顺时针旋转几周再逆时针旋转几周即可。

手臂运动：身体站直，做扩胸运动，或者两臂做体前交叉。

手腕与脚踝运动：两手十指交叉，腕部做旋转；同时，两踝关节交替做转动（具体可以参照体育课上的手腕与踝关节的运动）。

原地跑：在原地做跑步的动作。

俯卧撑：身体俯卧在地上，手掌和脚尖撑地，从肩膀到脚踝呈一条直线，两手距离略比肩宽；两肘做伸直与侧弯，身体其他部位挺直。

俯卧撑

做完上述几个动作之后，身体还可以做各种拉伸运动（具体动作可以参考体育课上的身体活动方式，如活动手腕、脚腕、膝盖，摆臂、踢腿、弯腰等）。

其他准备

体能准备

这里的体能主要包括力量素质、速度素质、耐力素质、柔韧素质及灵敏素质。

带球过障碍跑（体能训练）

不同的户外运动项目对青少年的体能素质有着不同的要求。比如踢足球，青少年只有拥有较好的力量素质、速度素质、耐力素质及灵敏素质，才能在球场上有更好的表现。

心理准备

在参与户外运动之前，还应该做好心理上的准备。比如，在参与爬山、骑车、滑冰等户外运动之前，心里应该清楚它们是有一定强度、难度和风险的，自己可能面临一定的困难和挑战。

要保持乐观的心态，做好当下的训练，不焦躁、不恐惧，学会迎难而上。

有些户外运动是否适合青少年是需要亲自尝试之后才能知道的，所以在参与运动之前要做好可能因为不适合自己而必须中途退出的心理准备。比如，青少年在登山的过程中如果发现自己有恐高症，这时最好不要勉强自己继续参与这项运动。

做好与队友及家长的沟通工作

如果所要参与的户外运动是一项多人参与的运动，那么青少年在运动前就必须保持与队友之间的联系，明确具体的运动时间、地点及参与人员。这样，在运动过程中与队友的配合才能更有默契，也才能有更大的收获。

青少年要和家长沟通好，要在家长同意的情况下才能参与某项户外运动。另外，青少年还要将具体的运动时间、地点以及参与的人员等信息告诉家长，让家长放心。

第三章

亲近自然：恣意走跑跳投

走跑跳投都对运动场地的面积有一定的要求。

场地面积不够，青少年就会完成不好走跑跳投的动作，也就达不到理想的运动效果。

但在大自然中，青少年永远都不用担心运动场地面积的问题。此外，大自然还能为青少年提供清新的空气、明媚的阳光，让青少年拥有更舒适的运动环境。

赶快行动起来吧，融入自然，一边呼吸着新鲜的空气、沐浴着和煦的阳光，一边尽情地走跑跳投！

健身走跑

户外畅聊

漫步在金色的沙滩上，听着海浪的声音，吹着清凉的海风，不知不觉地就走出了很远的距离；奔跑在狭长的林荫小道上，欣赏着两旁的农田、花草，嗅着泥土的芬芳，很快就跑到了尽头；在宽阔、平坦的操场上走路和跑步，可以充分感受到运动带来的快乐。

在大自然中走路、跑步对青少年来说是一件非常有趣的事情，他们沉浸其中，不易感觉疲惫，不知不觉就让自己的身体得到了锻炼。

你会经常在户外走路、跑步吗？你觉得在大自然中要怎样进行走和跑呢？

相信不少想要健身的青少年都会暗自思考："什么运动是不用花一分钱就可以达到很好效果的呢？"其实，走路和跑步就是不用花费一分钱，只要方法科学就会取得很好效果的运动。

快走

快走是无须借助任何器械的运动方式，而且方法简单。最关键的是，对于青少年来说，科学的快走往往会达到很好的健身效果。

青少年应尽量选择在平地上行走，坡道或者坑洼的路面容易造成膝盖损伤。

快走健身的速度可以因个人的喜好而定，为保证良好的锻炼效果，每次快走应不少于20分钟。每次快走的起始阶段，速度不可太快，最好慢走10分钟左右作为热身。

大步快走

快走时，两手臂弯曲成直角，紧贴身体两侧，前后摆动；依靠臀部力量带动腿部的行动，小步快速行走。

如果为了强身健体，最少每周三次，每次 20 分钟以上；如果为了减肥，最好每天快走，可以在饭后 1 小时快走 30 分钟以上。

倒走

倒走与正走所使用的肌群是不同的，所以可以弥补正走的不足，也可以有效地刺激一些不经常活动的肌肉。比如，倒走可以锻炼青少年的腰肌，提升腿部力量，提高身体的协调性，预防驼背。

倒走时，应保持高抬腿、轻落脚，身体向后走；起初，步伐要稳，步子不要太大，走得也不要太急；两臂轻松地前后摆动，用于维持身体平衡。

上学或放学的路上，在确保安全的情况下，每天 1~2 次，每次倒走 200~400 步，既不会花费太多时间又能锻炼身体。

需要提醒你的是，倒着走时，一定要注意运动安全，要选择平坦的路面倒走。坡道、坑洼或车辆较多的路面容易出现摔伤、撞伤等意外。此外，刚开始走时，应尽量慢点儿走，待身体适应地面情况和动作熟练之后，再逐步提升速度。具体速度要根据自身情况而定。

快跑

青少年可以通过快跑锻炼肺活量和小腿的肌肉，同时达到减脂塑型的目的。放学后或者在周末，跟小伙伴或父母相约去操场、健身公园快跑一段距离，将会令你身心放松。

快跑时，一定要掌握正确的跑步动作，以增强运动锻炼效果，同时避免受伤。

快跑过程中，两脚应充分后蹬，同时后腿迅速向前抬起，快速向前跑；两臂的摆与两腿的蹬要配合好。

跑时，头部与肩部始终保持稳定，头摆正，目视前方；两臂以肩为轴前后摆动，左右的动作幅度不可超过身体正中线；身体上半身保持直立，以保证呼吸。

快跑时对呼吸的调节很重要，建议采用三步一呼、三步一吸的呼吸法。跑步时不宜只用鼻子呼吸，因为长时间的快跑后只用鼻子呼吸可能不能满足运动对氧气的需求，最好的方法是掌握好呼吸动作的节奏，适当张开口协助鼻子进行呼吸。

快跑的青少年

快跑可以有多种不同的运动方式和锻炼方法。例如，可以在常规跑步中加入多次快跑；快跑可以与慢跑结合起来，快跑还可以作为长距离跑中的一个加速跑。

快跑的距离也可以根据需要适当调整，可以是 50 米、100 米等。建议每天不超过 6 次。

慢跑

慢跑时，身体自然前倾，不可后倒，以减少阻力。目视前方，保持头部肩部的稳定，不可有太大的幅度。扭胯幅度要小，以免大腿后肌肉拉伤。前后摆臂，幅度不可太大，尽量不高于胸部，也不要超出身体的正中线。臀部收在身体正下方。膝盖抬高，但不可抬得过高。步距短小，脚跟着地，每个动作都放松。

慢跑适宜选择柔软、平整的地面。如果是在公路上慢跑，要注意安全。

慢跑过程中的呼吸节奏，建议采用三步一呼、三步一吸的呼吸法。跑步时不宜只用鼻子呼吸，否则容易影响氧的供应。最好的方法是掌握好呼吸动作的节奏，适当张开嘴巴协助鼻子进行呼吸。

青少年慢跑的起步阶段要慢，慢跑的过程中可以尽量保持匀速，每周至少跑三次，每次 30~40 分钟；经过一段时间的锻炼后，跑的时长可以根据自身的体能情况有所增加。

需要特别注意的一点是，不管是快走还是慢跑，都要做好运动前的热身和运动后的拉伸活动，以免给身体带来损伤或者为下一次的运动增加一些损伤隐患。

健康知识

慢跑后需注意的事宜

当跑步任务即将完成时,并不意味着青少年可以马上结束跑步,转身去做其他事情。因为慢跑过后还需要做一些放松运动,这样才能避免一些伤病的发生,让此次运动更加有效。这里就说一说青少年在慢跑后需要注意的事宜。

- 放松活动。慢跑结束时,青少年最好慢慢地走几百米,让身体完全放松下来,然后做一些拉伸运动,让紧绷的肌肉得到舒展。

- 不急于脱衣。青少年在跑步时可能会出大量的汗,如果身体刚一停止运动就立即脱下衣物,这样很容易感冒。尤其是在气温很低的季节,最好不要因为热就立马脱掉衣服,而应该先缓一缓,让体温自然地降下来。

- 补充水分。跑完步后,许多青少年都有立即喝水或者冰镇饮料的习惯。其实,这样很容易给身体造成负担。正常情况下,青少年应该在休息一段时间,等心跳恢复正常后,再适当补充一点儿白开水或淡盐水,而不要一运动完就马上喝大量的水。

跳与投

以跳和投这两种动作为重点的运动方式有很多,如跳绳、跳远、投铅球、标枪等。这里就简单说一说这些运动的技巧。

跳绳

跳绳是一项有效的有氧运动,特别能考验青少年的耐力及关节的力量。大量研究证实,持续跳绳 10 分钟的运动量相当于慢跑 30 分钟的运动量。

青少年坚持跳绳,可以让全身肌肉变得越来越结实;可以加快血液循环,加强心肺功能;可以增强脑细胞的活力,从而利于大脑发育。此外,跳绳还利于青少年形成准确的方位感,增强与人合作的集体观念。

跳绳

跳绳的技巧具体如下：

准备姿势：两脚自然站立，两手分别握住绳子的两端，让绳子的中心点正好落在脚后跟附近。

摇绳姿势：屈两肘且微微外展，两大臂靠近身体两侧，上臂基本在同一水平线上。腕部用力做外转内旋的运动，使两只手在身体两侧做画圈儿的动作。让绳子从身体后方经过上方再到前方，从脚下穿过，继续摇绳、跳绳。绳子转动的速度与手摇绳的速度成正比。

跳绳姿势：当绳子摇至身体前方接近小腿时，跃起，让绳子顺利摇向后方。跳绳时要用前脚掌起跳和落地。跃起时，身体要自然弯曲，呼吸自然且有节奏。

跳远

跳远运动的历史悠久，早在古希腊时期就有了跳远这一运动项目。

如今，跳远也是青少年在体育课上经常会练习的一个项目。跳远可以让青少年焕发精神，减肥塑型，增强心脏保护功能。

这里就以立定跳远为例，说一说跳远的技巧。

准备：两脚开立与肩同宽，上身微微前倾，两脚掌和脚趾用力抓地。

跳起：两臂后摆，两脚协调屈伸。当两臂从身体后方摆向前上方做有力摆动时，两脚迅速蹬地，向前跳起，让身体在空中呈一条斜线。

预备落地：收腹，屈两膝，两小腿尽可能前伸，两臂从上向下后摆。

落地姿势：两脚跟先着地，落地后屈膝缓冲，让上半身保持前倾。

跳高

跳高最初是以游戏的形式出现在人类生活中的，其可以追溯到远古时期。

跳高需要伴随助跑、跳起、腾空、落地四个动作来完成。青少年经常进行跳高训练，可以增强肢体的协调性与灵敏度，提高身体的爆发力，加速新陈代谢，提升腿部肌肉的力量。此外，经常练习跳高还有减肥瘦身的作用。

这里重点了解一下过杆跳的技巧。

助跑：助跑 10 步（初学者可以后退多跑几步），身体以 J 形弧线转向横杆。助跑点要与跳高垫间距约 3 米。如果青少年习惯左脚起跳，那么可以将助跑点设在垫子的左边；如果习惯右脚起跳，则可以将助跑点设在垫子的右边。

跳起：用左脚发力向空中跳起。起跳时，左脚会自然伸展，带动右侧膝关节发力。

落地：脚先落在垫子上，不要整个身体落在垫子上。

在户外，随时都可以进行跳高练习。比如，你可以找一个高度合适的树枝，跳起来去摸这个树枝；你也可以找一个高度适宜的高台或矮桩，助跑跳上这个高台或矮桩。

投铅球

投铅球可以增强体质，特别对躯干和上下肢力量的发展很有效。

这里对投铅球运动的技巧方法梳理如下：

握球：将球放在食指、中指和无名指的指根处，要用大拇指与小拇指支撑球的两侧。

预备：身体侧向投掷方向，两脚开立，左脚脚尖指向斜前方且与右脚弓在一条直线上；屈右膝，上半身向右倾斜、扭转；微屈左臂且置于胸前，身体左侧肌肉拉紧。

推球：右脚快速用力蹬地，抬脚跟，内转右膝，前送右髋，向左侧抬起上半身，以左肩为轴，快速伸右腿，抬头挺胸，右肩用力向前送，右臂伸直将球推出。

在户外，你可以选择任何重量得当的物体来代替铅球进行投掷练习，比如土块等。

户外投掷的方法也是多种多样的，可以比赛看谁投得远，也可以进行投准练习，还可以进行投球和接球的游戏练习。当然，你也可以想出其他一些有趣的投掷游戏。不过，在游戏过程中，要时刻注意安全。

好玩又有趣的户外游戏

很少有青少年能抵挡得住好玩儿又有趣的户外游戏。经常参与到户外游戏中，不但能让青少年有机会锻炼身体，还能为他们提供更多与同学、朋友相处的时光，提高合作意识，还能提升随机应变能力。

拔河

人数要求：至少2人。如果是多人要平均分为两组。

游戏道具：一根结实的长绳。

场地要求：足够宽敞的空地。地面平整，附近无障碍物。

游戏规则：在绳子正中间事先做好标记，并在地面上画好标记，一方将绳子的标记拉到己方标记处即获胜。

游戏方法：

两队队员各自站在绳子的两端，紧握绳子；各队队员分配好任务，力量最大的可以在绳子的最末端。

当听到"开始"指令后，两队开始用力，将绳子往自己的方向拉，身体呈后仰状态。绳子超过标记且拉向自己的方向时获胜。

拔河

丢沙包

人数要求：至少 3 个人。

游戏道具：一个沙包。

场地要求：要有一块宽敞的空地，确保两个丢沙包的人中间间隔 10～15 米。地面平整，附近无障碍物。

游戏规则：如果中间的人被沙包击中，就被淘汰。如果中间的人接住了沙包，就多了"一条命"，或者给被淘汰的队友一次复活的机会。

游戏方法：

两个人丢沙包，一个人或者更多的人站在两人中间。丢沙包的两个人固定在各自的位置，中间的人需要在两个人之间来回跑。

丢沙包的其中一人将沙包丢向中间的人群，以击中中间的一人或多人，或者直接将沙包扔到另一个丢沙包的人手中，由其击中中间的人。

踩气球

人数要求：至少2人。

游戏道具：气球。

场地要求：需要五六平方米的空地，地面要平整，无障碍物。

游戏规则：比一比，看谁身上最后留下的气球多，谁就是最后的胜利者。

游戏方法：

踩气球的人数不限，预计耗时20分钟。

所有参与踩气球项目的青少年进行分组，每人会得到四个气球，先将自己的四个气球吹起，然后系在自己的脚踝上（左右各两个）；接着可以用脚踩其他组的气球，但要保护好自己的气球。

游戏结束，看哪组剩的气球最多，即为获胜组。

踩气球是一种趣味性超强的户外运动游戏，其对参与的青少年没有太多要求。通过简单的踩气球能活跃气氛，增强青少年的团队信任感，有助于培养青少年的协作能力、协调能力。

转呼啦圈

转呼啦圈这一游戏特别适合青少年,因为其具有很强的趣味性,形式生动活泼。最关键的是,转呼啦圈既可以培养青少年身体的灵敏性、协调性,又能陶冶情操、磨炼意志。

人数要求:至少 2 人。

游戏道具:呼啦圈。

场地要求:可以容纳所有参与者的场地。地面平整,附近无障碍物。

游戏规则:比一比,看谁转得久。

游戏方法:

所有游戏参与者两脚开立与肩同宽,两手握住呼啦圈,置于腰部。

当听到"开始"指令时,立即按顺时针转动呼啦圈,腰部紧贴呼啦圈且跟随呼啦圈一同转动,避免呼啦圈掉落。坚持到最后者获胜。

转呼啦圈游戏

比赛转呼啦圈,可以比赛转圈数,也可以比一比谁能同时转起多个呼啦圈。

除了转呼啦圈,还可以将几个呼啦圈间隔一定距离竖起来或平放在地上,进行钻圈、跳圈的游戏。

还可以利用呼啦圈进行远距离的套圈游戏。

呼啦圈的玩法多种多样,快来试试吧,或许你还能想到和创造出更多的玩法。

第四章

独具风采：户外活力运动

青少年总是充满朝气，永远散发着活力。

户外是青少年的主战场，户外运动可以让青少年们更自由与放松，让他们快乐运动，释放天性。

他们脚踩轮滑鞋和滑板，华丽转身，一跃而过；他们骑着自行车，不停前进，身体带风；他们手握风筝线，和大自然亲密拥抱。

这才是青少年该有的样子，也是青少年应该参加的户外运动。

轮滑

户外畅聊

相信青少年对轮滑并不陌生,在公园里、在广场上经常能看到一些玩儿轮滑的人,他们行动自由,身影潇洒,让人羡慕不已。你是不是也想尝试一下这项运动呢?

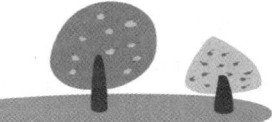

时尚休闲的轮滑运动

轮滑运动是现在非常流行的一种户外运动,是以轮滑鞋为主要运动器具来滑行的运动项目,深受广大青少年的喜爱。

进行轮滑训练的少年

轮滑绕桩练习

轮滑有单排轮滑和双排轮滑之分，青少年可根据自己的情况选择适合自己的轮滑方式。

轮滑运动的种类有很多，如当下流行的刷街、接近冰球的轮滑球、没有特定技巧的自由式轮滑、突出技巧的平花轮滑等。青少年可以根据自己的喜好和身体状况选择适合自己的类型。

想要玩儿轮滑，装备不能少。齐全的轮滑装备既是为了保障安全，也是为了更好地进行轮滑运动。

轮滑装备大体包含三种，分别是轮滑鞋、轮滑护具和护腕掌手套。

在选购轮滑鞋时，要选择那些材质刚性强、"关节点"灵活、穿着舒适的轮滑鞋。

轮滑护具包括头盔、护膝和护肘，可以防护身体，避免擦伤。

护腕掌手套能够在滑行过程中保护手腕和手掌。

轮滑鞋

轮滑头盔

护膝、护肘和护腕掌手套

趣味轮滑技术学练

★ 站立姿势

轮滑运动的站立姿势有多种,下面一一来认识一下。

平行站立:两脚开立,稍窄于肩,脚尖儿稍朝向内侧,屈膝,重心位于两脚之间。

"八"字站立:两脚脚跟靠近,脚尖儿向外自然分开,呈外"八"字,膝关节微屈,重心位于两脚之间。

"V"形外刃站立:两脚开立,与肩同宽,脚踝内翻,以外刃支撑,膝关节微屈。

"T"形站立:两脚呈"T"字形站立,前脚以中刃支撑,后脚以内刃支撑,两腿膝关节微屈,重心位于前脚。

★ 前滑技术

双脚滑行：上体前倾，屈膝下蹲，两脚平行，凭借两脚蹬滑的惯性，两腿交替向前滑行。

单脚滑行：右脚蹬地，左腿抬起后落地并前滑；两脚交替进行。

前葫芦步滑行："V"形站立，微屈膝，两脚蹬地，凭借惯性两脚外滑，再内收，连续反复分开—靠拢—前滑，完成葫芦步滑行。

★ 倒滑技术

两脚平行倒滑：内"八"字形站立，两脚交替蹬地，凭借惯性平行倒滑。

两脚葫芦步倒滑：内"八"字形站立，大腿向外发力，两脚蹬地，分开倒滑，然后两脚跟靠拢，完成葫芦步倒滑。

两脚"S"形倒滑：内"八"字形站立，两脚交替蹬地产生倒滑力，两脚平行倒滑，然后扭动髋部右转倒滑，然后再左转倒滑。

★ 制动技术

内"八"字停止：双脚开立，上体前倾、下蹲，两脚脚尖儿向内转，两脚鞋轮内侧紧压地面，减速停止。

"T"形停止：两脚呈"T"形站立，膝关节弯曲，身体重心转移至前脚，后脚蹬地推动前脚滑行，然后后脚回收，以内刃紧压地面减速停止。

健康知识

防护工作要做好

在做轮滑运动时,防护工作一定要做好。

- 要选择比较安全的运动场所。要避免在人多的地方滑行,避免在有水或非常光滑的路面上滑行,在道路上滑行时要遵守交通规则。
- 穿戴好护具。在进行轮滑运动前要穿戴好护具,以免身体受到损伤。
- 提前热身很重要。在开展轮滑活动前,进行热身活动很重要,最好是先活动一下身体各个部位,以免关节受伤或者肌肉拉伤。
- 活动时间要适宜。在做轮滑运动时,时间要适宜,时间太长会增加身体局部的负荷,产生劳损,进而影响骨骼发育。

滑板

户外畅聊

滑板运动是一项对身体非常好的运动项目,是青少年十分喜爱的户外运动项目之一。

对于这一有着独特魅力的运动项目你了解多少呢?你知道滑板运动的一些基本技巧吗?

认识滑板运动

将滑板运动称之为极限运动的鼻祖一点儿也不为过,因为很多极限运动都是由滑板运动发展而来的。

玩滑板的少年(一)

玩滑板的少年(二)

滑板运动适合多种场地，而且具有挑战和刺激性，是一项时尚运动，正好与青少年乐于探险、敢于冒险的心理相符，所以深受广大青少年的喜爱。

滑板运动还是一项对青少年身体非常有益的运动，它不仅可以锻炼青少年的身体平衡和协调能力，还能锻炼青少年的意志力，有利于青少年的身心健康发展。

在进行滑板运动时，一些基本的准备是不可少的，具体包含以下几种：

滑板鞋：在选择滑板鞋时，最好选择舒适、透气的滑板鞋。

滑板服装：滑板服装以宽松、舒适为主。

滑板：滑板有大有小，选择适合自己的尺寸和弧度最重要。

滑板护具：具体包括头盔、护膝、护腕、护肘等。

滑板运动装备

基础滑板技术学练

★ 直线滑行技术

单脚蹬地直线滑行：一脚踩在板面的稍后位置，脚尖儿稍内扣，膝关节微屈，身体半蹲，胸部正对膝关节，目视前方，另一脚蹬地，凭借惯性向前滑行。

脚分立后轮滑行：单脚蹬地产生向前滑行的速度，一脚踩在板面的稍后位置，另一脚踩在板尾，膝关节微屈，然后跷脚抬起，重心后移，进一步屈膝，前轮抬起，后轮滑行。

脚分立前轮滑行：单脚蹬地产生向前滑行的速度，一脚踩在板面的稍前位置，另一脚踩在板尾，膝关节弯曲，肩膀正对滑行的方向，之后身体重心前移，后轮抬起，前轮滑行。

★ 跳跃滑行技术

冲板：对板施力，使板向前滑行，人在地上随着板向前跑动，当跑动至板后1/3处，外侧脚蹬地，两脚同时跳到板上，借助惯性向前滑行。

穿越：滑行中遇到障碍物时，上身朝向滑行方向，身体下蹲，两腿用力上跳，越过障碍物，板从障碍物下穿过，接着身体逐渐下落，屈膝，落到板上。

★ 刹车技术

单脚拖地刹车：滑行中，一脚踩在板上靠前位置，脚尖儿朝向板头方向，另一脚下板移至地面，上身前倾，重心移至地面的腿上，板上的脚往后移动至板尾，接着向下踩板，板尾拖地与地面产生摩擦，滑板停止滑动。

板尾拖地刹车：滑行中，身体重心逐渐后移，前腿上抬，后脚下踩，板尾与地面产生摩擦，滑板停止滑行。

滑板刹车练习

健康知识

滑板运动注意事项

滑板运动虽然十分有趣，但在进行这项运动的时候要注意一些基本事项。

- 在进行滑板运动时要带好护具，这样可以避免受到损伤。
- 由于滑板运动是一项较为刺激的运动，容易使人的肌肉和精神紧张，因此在进行这项运动之前最好做一些热身运动。
- 不要做能力之外的动作，否则非常危险。
- 玩儿滑板不可避免地会摔倒，此时就要选择正确的摔倒姿势。最好是让臀部作为受力点，或者整个身体卷曲成团翻滚，总之就是要分散受力。
- 尽量不选择在恶劣的天气或环境下进行滑板运动，这样一方面会产生危险，另一方面会损坏滑板。

骑行

户外畅聊

自行车可不只是人们的代步工具，还是青少年进行户外运动——骑行运动的重要工具。

你知道骑行都有哪些好处吗？你知道骑行的基本技巧吗？

环保又健身的骑行运动

在提倡"绿色出行"的时代，自行车骑行成了民众重要的出行和健身方式，也成了广大青少年户外运动的重要项目。

骑行这项运动非常适合广大青少年，而且对青少年的身体健康十分有益。骑行属于有氧运动，能有效锻炼青少年的心肺功能，而且能起到减肥、瘦身、健体的作用。

骑行的少年（一）

骑行的少年（二）

此外，青少年在户外骑行，能呼吸新鲜的空气，能享受到快速行进的感觉，进而心胸会变得开阔，精神也会非常愉悦，同时意志力也会得到锻炼。

骑行之前当然要有一套齐全的装备，通常骑行的必要装备包含以下几种：

自行车：到户外骑行，自行车是必不可少的装备。在选择自行车时，可以根据自己的需要选择山地自行车、公路自行车等。但无论选择哪种自行车，都要适合运动、轻松、舒适。

头盔：头盔也是骑行中不可或缺的装备，它可以很好地保护骑行者的头部。在选择头盔时，尽量选择质地好、重量适中、透气性好、佩戴舒服的头盔。

骑行手套：骑行手套具有吸汗、防滑、保护手掌和手关节的作用，对于骑行者来讲也是非常重要的装备之一。在选择骑行手套时，尽量选择吸汗、防滑、透气的手套。

骑行眼镜：骑行眼镜能有效阻挡紫外线的照射，起到保护眼睛的作用。在选择骑行眼镜时，最好是选择能与自己脸部轮廓相吻合、佩戴舒适的眼镜。

水壶与水壶架：水壶和水壶架会给骑行者带来方便，一方面方便骑行者及时补充水分，另一方面能够减轻骑行负担。

骑行服装：如果有必要，还可以穿上骑行服装。骑行服装应耐磨、透气、有弹性，而且能保温、挡雨。

拥有了这些装备，青少年就可以到户外享受骑行的快乐了。

青少年户外运动学练技巧一点通

带有水壶与水壶架的山地自行车

骑行头盔和手套

安全骑行技术学练

这里以山地自行车为例来说明骑行运动技术。

★ 基本姿势

上体下沉，头部向前伸，目视前方。

身体重心下降，两臂自然弯曲，以防车子颠簸对全身造成冲击。

双手自然握把，臀部坐稳鞍座。要注意，手握把时不要过于用力，应自然放松，肩部也要放松，背部伸直。

上坡时，身体前倾，将重力加在脚蹬上。

下坡时，腰向后沉，重心后移，脚蹬保持平行。

★ 踏蹬技巧

为了更安全地骑行、更好地享受骑行的快乐，应该把握骑行的踏蹬技术。

山地自行车的踏蹬方式有三种，分别是自由式踏蹬、脚尖儿朝下踏蹬、脚跟朝下踏蹬。青少年可以根据自身的状况和喜好来选择适合自己的踏蹬方式。

★ 变速技术

自行车的变速装置可以让青少年在骑行中更加省力和舒适，避免因出力不均而产生疲劳。

一般可以在上坡、下坡、道路不平、逆风或者感觉骑行吃力时，运用变速装置。

★ 转弯技术

在转弯时，必须控制车速，眼睛要看向拐弯的出口处，尽量不踏蹬，同时要稳住身体重心，防止摔倒。

★ 刹车技术

自行车在两个车把处都配有刹车装置，在骑行中应将两三个手指放在刹车装置上，其余手指握住车把。

通常情况下，自行车的前闸刹车效果比后闸好，但要谨慎使用，否则很容易前倾。

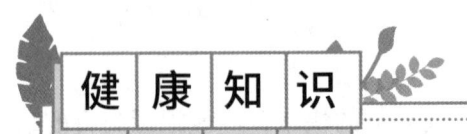

健康知识

自行车的保养

当结束了畅快淋漓的户外骑行运动之后，不能将自行车放到一边置之不理，而应适时对其进行养护。

当在雨天或泥泞的道路上骑行后，或者骑行了很长一段时间，或者车辆出现不正常的情况时，就需要对自行车进行保养。通常可以采用以下几种方式：

- 给自行车配件涂抹润滑油，这样可以很好地保护零件，避免零件磨损。但应注意，涂抹润滑油时要适量，太多或太少都不好。
- 检查车胎状况，如是否漏气、表面是否有异物等。要注意，每当骑行一段时间后，要给车胎充气，同时确

第四章 独具风采：户外活力运动

保车胎表面没有被异物刺伤。骑行过后，应给车胎注入少量气体，然后在阴凉通风的地方悬挂起来。

- 适当对自行车进行清洁。通常情况下不需要频繁清洗自行车，如果自行车全身沾满泥浆和布满灰尘时，就可以给自行车洗个澡。但在清洗自行车时，尽量避开一些轴承部件，因为这些部件在清洗后可能会生锈。

放风筝

户外畅聊

每当风和日丽、阳光明媚的时候,我们总能在空旷的户外看到翱翔在蓝天中的风筝,十分惬意。

你喜欢放风筝吗?你知道放风筝的技巧吗?下面我们就来了解一下放风筝的乐趣和技巧。

去放风筝，做个追风少年

要说春季最佳的户外运动是什么，那就非放风筝莫属了。到了春季，无论男女老幼，都非常热衷于放风筝。

春天是放风筝的最佳季节，春天到户外放风筝对于青少年的身体健康非常有益。

在户外沐浴着阳光与春风，呼吸着新鲜空气，奔跑在草地上，对促进新陈代谢、改善血液循环、补充钙质、疏松筋骨十分有帮助。

边放风筝时边仰望风筝和蓝天，这样可以有效消除眼部疲劳，改善视力，预防近视。

放风筝还有健脑的作用，这是因为要想让风筝飞上天空，还要动一番脑筋，要想办法处理好风筝与风向的关系，掌握好拉风筝线的力度等。

户外放风筝的少年们（一）

第四章 独具风采：户外活力运动

户外放风筝的少年们（二）

总之，在草长莺飞的季节，放风筝能让人心情放松，能让人心境愉悦。

掌握放风筝的技术

对于主要为了开展户外运动的青少年而言，认识风筝的结构，能够顺利放飞即可，最重要的是感受自然，享受放风筝的过程。放风筝的技术主要有以下几种：

★ 起飞技术

如果想要放飞大型的风筝，一个人是很困难的，此时需要两人或多人协作完成。一人手握风筝线，其余人拿着风筝，迎风站立，当风来时，相互配合放手、提线，共同放飞风筝。

如果想要放飞中小型的风筝，一人就可以完成。中小型风筝体积较小，一个人一手提线、一手拿着风筝，等风来时，使风筝起飞。

★ 操纵技术

原地放风筝讲究"提带之法"，也就是当风筝开始下降时，轻轻提拉风筝线，风筝就上升；当风筝倾斜时，就将手高举向后拉风筝线，风筝就会上升；当风筝向右偏时，就向左横拉风筝线；当风筝向右偏时，就向右横拉风筝线。

奔跑中放风筝时，要一手持线，一手持轮，侧身跑，边跑边观察风筝的飞行情况。如果风筝上升太快，应放慢脚步；如果风筝上升较慢，可以适当加快脚步；如果风筝有下跌趋势，可以停跑，并适时松线。

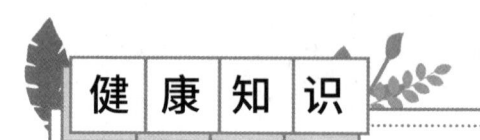

健康知识

放风筝的注意事项

放风筝固然是件愉快的事情，但自身的安全和环境保护问题也应加以注意。

- 注意安全问题。在放风筝时不要一味地仰望天空奔跑，也要看脚下的路，以防踩空或被障碍物绊倒而发生危险。

- 选择天气好的时候外出。尽量选择天气比较好的时候外出放风筝,如果天气状况不好,不仅会玩儿得不尽兴,还会影响健康。
- 避免踩踏草坪。在放风筝时,不能踩踏草坪,尽量选择在空旷的地方放风筝。

第五章

融入集体：户外球类运动

球类运动是青少年非常喜爱的运动，在绿茵场上做一个追风少年，多么恣意洒脱！

球类运动丰富多样，青少年可以结合自己的运动需求和运动爱好选择参与一种或多种球类运动项目。

不同的球类运动，各具运动魅力。激烈热情的足球与篮球、动感的网球、轻巧欢乐的羽毛球与乒乓球、高雅的高尔夫球、小巧的毽球……

心动不如行动，快来了解和积极参与这些丰富多彩的球类运动吧！

足球

户外畅聊

参与足球运动，可以释放激情，收获欢乐与友谊。观看足球运动亦是一种享受，足球比赛更是充满了不确定性与偶然性，不到最后一秒，谁也无法预料会有怎样的事情发生。

你喜欢踢足球吗？有没有看过足球比赛，你最喜欢的足球运动员是谁，你为什么喜欢他呢？

世界第一运动——足球

★ 古老的中国蹴鞠

迷倒无数成年人和青少年的现代足球,它的前身起源于中国古代的球类游戏"蹴鞠"。

"蹴鞠"一词最早出现在《史记·扁鹊仓公列传》中,在唐宋时期,蹴鞠不仅在普通百姓中广泛盛行、备受喜爱,而且在宫廷中也被视为一种高雅的运动,王公贵族子弟争相参与。

古代蹴鞠木版年画

1985年7月26日,在北京首届柯达杯16岁以下国际足联世界少年足球锦标赛开幕式中,国际足联前主席阿维兰热讲话时说:"足球起源于中国。"

★ 起源于英国的现代足球

现代足球起源于英国。17世纪中后期开始,足球运动在欧洲盛行。

1900 年，足球被列入奥运会正式比赛项目。

1930 年，第一届足球世界杯在乌拉圭举办，此后，足球和足球世界杯的竞赛规模和影响力日渐扩大，每隔四年，世界杯的主题曲都会如约唱响，陪伴无数足球球迷们燃爆整个夏天。

足球入门技术学练

★ 颠球技术

正脚背颠球

两脚交替单脚支撑，另一腿向上摆，用脚背击球的下部，颠球的节奏和力度要均匀。

脚内 / 外侧颠球

一条腿支撑，另一条腿颠球，颠球动作就像踢毽子一样，用脚的内 / 外侧向上摆踢球的下部。

大腿颠球

一条腿支撑，另一腿用大腿颠球，颠球时尽量让球落在大腿的中前部，大腿向上触球将球颠起。可以单腿连续颠球，也可以左腿一次、右腿一次、两腿交替连续击球。

肩部颠球

两脚开立，向上高高地抛起足球，当足球下落到比肩膀稍高的位置时，耸肩，将足球向上颠起。

大腿颠球

★ 接球技术

脚内侧接球

积极跑动向前迎接球,用脚内侧部位对准来球,触球的瞬间,向后下撤脚以缓冲来球的冲击力。

脚背正面接球

提前判断来球的落点,积极跑动到位,用脚背正面迎球,触球瞬间,脚尖微翘,脚随球一起下落缓冲。

大腿接高空球

看准来球,抬高接球腿的大腿去迎接球,触球瞬间,大腿后撤,让球落到身前、脚下。

挺胸式接球

挺胸式接球就是用胸部去迎接来球，胸部触球瞬间，含胸缓解来球的力量，并注意保持身体平衡。

青少年足球运动初学者不建议练习挺胸式接球，以免受伤。

★ 运球技术

正脚背运球

上体前倾，迈大步子向前带球跑，提运球脚，脚尖儿向下，用脚背正面向前不断推拨球。

脚背内侧/脚内侧运球

运球跑动，上体向带球方向前倾，屈膝，提运球脚的脚跟，踝关节外展，用脚背内侧/脚内侧向前推拨球。

脚背外侧运球

运球跑动，保持放松，推拨球时，屈膝，运球脚提起，提脚跟，踝内旋，脚背外侧触球。

★ 踢球技术

脚背正面踢球

脚背正面踢定位球时，踢球腿先后摆，再以髋关节为轴向前摆腿；当膝摆至接近球的正上方时，小腿突然发力，进行爆发式摆动，以脚背正面踢球的后中部。

脚背正面踢凌空球时，高抬踢球腿的大腿，大腿带动小腿快速、用力摆动，用脚背正面踢球的中部。

脚背正面踢凌空球

脚背内侧踢球

脚背内侧踢定位球时，踢球腿的大腿摆至与支撑腿接近同一平面时，小腿爆发式摆动，踢球的后中部。

脚背内侧削踢定位球时，摆腿的方向不通过球心，弧线前摆。踢球瞬间，踝关节内转，使球侧旋沿弧线运行。

脚内侧踢球

脚内侧踢定位球时，踢球腿大腿外展、前摆，膝关节接近球的正上方时，小腿爆发式摆动，用脚内侧踢球。

脚内侧踢地滚球时，踢球脚前摆，膝外转，翘脚尖儿，绷脚腕，脚掌与地面平行，用脚内侧踢球的后中部。

脚背外侧踢球

以脚背外侧弹踢球为例，看准来球，踢球腿的小腿爆发式向前—侧前—侧方弹摆，用脚背外侧用力向目标方向踢球。

篮球

富有朝气的篮球运动

晨曦或黄昏，暂时抛却学习的压力与生活的烦恼，在篮球场上挥汗如雨，一次次持球突破，一次次跳起投篮……若干年后的某一天，你一定会怀念这段青春年少的岁月。

篮球运动中，运动者需要不断运球、攻防、配合，并积极争夺空中控球权。篮球运动，对抗性强，激情与速度并存，富有朝气，备受青少年的喜爱。

参与篮球运动，能在强身健体的基础上，增强青少年的弹跳力、头脑反应能力，还有助于促进青少年的身高增长。据有关数据统计显示，与不参加运动的青少年相比，经常参加篮球运动的青少年的身高要普遍高出3～5厘米。

魅力篮球技术学练

★ 移动技术

滑步

滑步，可用于篮球运动中的短距离快速移动。滑步时，屈膝，上身前倾，一脚迅速向目标方向跨出，另一只脚迅速随同滑行。

跑

变向跑时，制动脚前脚掌内侧蹬地，扣脚尖儿，屈膝，身体随之转向目标方向。

变速跑时，观察篮球场上的人和球的变化，根据需要，脚掌短促有力后蹬加快跑速，或脚掌抵地放慢跑速。

急停

急停时，有两种方法制动，即跳步急停和跨步急停。

跳步急停时，停前起跳，两脚同时落地，屈膝缓冲、制动。

跨步急停时，大跨一步，身体向与移动方向相反的方向倾斜，先脚跟后全脚掌抵住地面，屈膝缓冲、制动。

★ 运球技术

高/低运球

高运球时，上体稍前倾，屈臂，手腕、手指按拍球的后上方，让球的反弹高度在胸腹之间。

低运球时，屈膝，降低重心，球的反弹高度与膝盖差不多同高，用上体和腿保护球。

胯下运球

两脚前后站立，上体前倾，双手在胯下左右运球，用上身和双臂护球。

运球

★ 传球技术

双手胸前传球

双手胸前持球，五指自然张开，手心不触球，用手指和前腕翻的力量将球传出。

单手肩上传球

单手引球至肩上，肘外展，上臂与地面平行，前臂迅速向前挥摆，手腕前屈，手指迅速拨球将球传出。

★ 接球技术

双手接球

两臂前伸，双手手指自然分开迎球，两手呈半圆形，手指触球后，屈肘，两臂后引缓冲。

单手接球

目视来球，伸臂迎球，手掌呈钩形，手指触球后，将手臂收回，缓冲来球力量并下引球。

★ 投篮技术

单手肩上投篮

以右手投篮为例，两脚开立，屈肘，手指张开持球，手心不贴球；屈膝，蹬地，向上展体，右臂前伸，手腕、手指拨球将球送出。

双手胸前投篮

自然开立，双手胸前持球，两手手指自然分开，手心空出；蹬地、两臂前伸，前臂内旋，手腕前屈，将球投出。

扣篮（灌篮）

单手或双手持球，助跑至篮下，屈膝，双脚用力蹬地，身体高高跃起并在空中展体，用力挥臂把球自上而下扣进篮筐。

第五章　融入集体：户外球类运动

跳起投篮

扣篮

健康知识

近视眼打篮球要不要戴眼镜

很多青少年喜欢打篮球，可是篮球运动对抗性强、球与人空间变化快，也是很考验视力的一项运动。

青少年打篮球时，最好不要戴眼镜，因为在与对手的攻防接触、动作幅度大的传接球、投篮中都有可能把眼镜撞掉，即使不被撞掉，被碰到也容易伤到眼睛，这是很危险的。

- 患有近视的青少年在打篮球时可以尝试戴隐形眼镜，运动后及时替换隐形眼镜。
- 不要在昏暗或黑暗的环境中打篮球。
- 养成良好的用眼习惯，经常做眼保健操。

网球

户外畅聊

网球是"世界四大绅士运动"之一,另外三项绅士运动分别是高尔夫球、桌球与保龄球。

网球有不同的运动场地,如草地场、硬地场、红土场和地毯场。

关于网球,你还知道哪些有趣的知识呢?

青春洋溢的网球运动

网球的颜色是黄色的，跳跃、飞行的网球是网球场上一抹亮丽的风景。

现代网球运动起源于法国，在英国广泛流行并走向全世界。最初，网球运动只在法国和英国的宫廷中开展，且网球运动中有诸多礼仪，因此网球运动也有"宫廷网球""贵族运动"之称。

在网球运动过程中，运动者隔网对抗，你来我往之间，双方不停地在场地上奔跑、跳跃、挥击，充满了青春活力。

帅气的网球少年

活力网球技术学练

这里以右手持拍为例，重点讲解分析网球运动的几个基本技术动作，以方便对网球运动感兴趣的青少年参照学练。

★ 发球技术

平击发球

两脚开立，身体侧对球网，向上抛球的同时，击球臂向后、下、上引拍，当球在空中最高点时，向前、上伸臂击球。

切削发球

两脚开立，身体侧对球网，抛球后，由球的右上往左下切削，使球向左下旋转。

网球发球练习

★ 击球技术

正手击球

正手平击球时，左肩对网，右手引拍，拍面平放，以肩关节为轴，大臂带动小臂用力向前挥击球的中下部。

正手击上旋球时，身体侧对球网，拍面后仰，球拍从下、上、前击球的后上部。

正手击下旋球时，后摆动作要小，用几乎垂直的拍面击向上弹起的球。

反手击球

反手平击球时，身体侧对球网，拍面与身体平行，击球肘贴近身体，向下、前、上挥拍击球的中下部。

准备击球

反手击上旋球时，击球手臂屈肘，拍柄与地面几乎平行、拍面垂直或稍后仰（60°～75°）击球的中部。

反手击下旋球时，拍面稍后仰，手臂大力挥拍击球的后下部。

★ 截击球技术

正手/反手截击球

正手截击球时，高举球拍、后摆幅度要小，在身前击球。

反手截击球时，拍面稍前倾，击球点比正手截击球更靠前。

近网截击

拍面稍开（来球快而平）或垂直（来球快而高），向前、向下顶撞击球的中部或中下部。

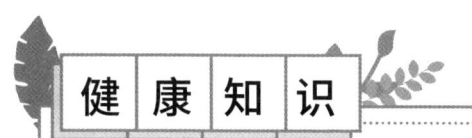

健 康 知 识

让人困扰的网球肘

网球肘（肱骨外上髁炎）是一种过劳性的网球运动损伤。

出现网球肘后，肘关节上方的肌肉会有酸胀的疼痛感，严重者甚至不能拧毛巾、提重物。

长期参加网球运动训练的网球运动员以及一些从事肘部活动较多的工作的人发生网球肘的概率较高，日常科学参与网球学练以强身健体的人发生网球肘的概率较小。

因此，对网球运动感兴趣的青少年可以放心参与网球运动。值得注意的是，要确保每一次击球的网球技术动作的正确性，同时要科学控制运动量和运动强度。

其他球类运动

羽毛球与乒乓球

羽毛球与乒乓球运动运球小巧灵动,既可在室内开展,也可在户外进行。

羽毛球与乒乓球运动的入门技术动作简单,容易上手,对初学者的体能要求不高;器具轻巧、方便携带。青少年如果体质较弱,难以从事强对抗的球类运动,或者想要通过参与体育运动提高视力、专注力,学练羽毛球和乒乓球是非常不错的选择。

★ 羽毛球技术

羽毛球发球技术,根据球的不同落点可以分为发高远球、平高球、平快球、网前短球;根据击球时手握拍的姿势可以分为正手发球和反手发球。以右手持拍为例，发球时，两脚前后站立，右手臂肘部微屈，右后侧举拍，左手抛球，根据需要挥臂击球。不同的发球方法具体有所不同。

羽毛球接发球时，一般左脚在前，右脚在后，侧对球网，身前举拍，屈膝，提右脚跟，仔细观察来球，根据来球情况与下一步战术计划有效回击。

打羽毛球的少年

★ 乒乓球技术

乒乓球的发球可有多种技术变化，如平击发球、高抛发球、发转与不转球、搓球、削球等，可让人应接不暇。以右手发球为例，左手掌心托球，两脚前后站立，左脚在前，身体稍右转；抛球的同时，右臂由后向前引拍，以不同力量、不同拍形击球的不同部位，可形成威力和效果各异的发球。

乒乓球接发球时，脚下积极移动，看准来球，根据来球情况与下一步战术计划，果断、有力回击。

乒乓球发球

高尔夫球

高尔夫球是一种高雅的球类运动，现在很多青少年已经开始接触和学练高尔夫。在宽阔、自然环境较好的高尔夫球场上，击球、寻球、沐浴阳光，享受运动的快乐，十分惬意。

要打上一杆漂亮的高尔夫球，学会正确的站姿与挥杆动作非常重要。

在做出正确的高尔夫击球站姿前，应先要确定球的飞行方向，即从球望向目标的射线方向，然后两足跨立在与球飞行方向垂直的线两侧，左脚脚跟靠线、脚尖儿稍外撇，右脚适当地向右跨出。

挥杆时，让左臂与球杆成为一个整体，两臂与肩呈三角形，以肩带动臂、手、球杆后引至顶点后，手臂向下拉引球杆，球杆头快速、大力冲击球将球击出。

高尔夫球握杆学练

毽球

毽球，又称毽子，由毽砣和多彩的翎毛构成，十分漂亮。

很多人认为，踢毽子只是一种儿童游戏，其实不然，踢毽子更是我国一项历史悠久的民族体育运动。

踢毽子的技术方法多样，可单人踢，也可以和小伙伴们一起踢；踢的过程中也有多种花样踢法，如盘踢、拐踢、磕踢等。

盘踢（足内侧踢）时，膝外张，大腿外转，小腿上摆，脚放平，用内足弓部位踢球。

拐踢（足外侧踢）时，大腿放松，小腿发力向体后斜上方摆动，勾足尖儿，两足外侧互换踢毽。

磕踢（膝盖踢球）时，小腿下垂，膝关节发力，两膝盖互换将毽子磕起（撞起）。

漂亮的毽球

球类运动的家族成员众多，除了上述几种球类运动项目，还有排球、棒球、台球、门球、橄榄球等，相信你一定可以找到自己喜欢的一项球类运动。

第六章

走向青山：户外高山运动

青少年应劳逸结合，学习之余，要注意锻炼身体、放松心情。

　　在天朗气清、风和日丽的日子里，走向青山，参与一些高山运动，既能亲近大自然，又能强身健体、舒缓心情。

　　高山运动有很多种类，登山、攀岩、滑草、定向越野，总有一项适合你，也总有一项是你喜欢的。

　　高山运动充满活力又富有趣味，还能锻炼你的意志力和耐力，赶快参与进来吧！

登山

户外畅聊

登山是深受人们欢迎的一项运动，很多人在假期或者周末都会选择去登山健身，去亲近大自然，享受登高的快感。

那么，你有没有被"会当凌绝顶，一览众山小"的胸怀所激励和感染过呢？当你真正去登山时，你的体会又如何呢？

会当凌绝顶，一起去登山

登山是一项非常流行的体育运动。根据登山的目的可将其分为几种不同的类型，包括登山探险、登山竞技和登山健身。我们这里主要讲述登山健身。

以健身为目的的登山一般在海拔较低的山峰进行，并且其中不存在冒险项目，适合大众。

登山运动是有很多好处的，除了可以强身健体、放松心情，还有助于提升四肢协调性，增强心肺功能以及改善视力等。另外，因为登山是一项有氧运动，在减肥方面也效果显著。

登山实用技巧学练

很多人可能觉得登山很简单，只要从山底爬到山顶就好了，其实这样的认识是不对的，因为登山是需要掌握一定的技巧和方法的，这样锻炼才更有效，也不易受伤。

登山分为上山、休息、下山等阶段，在每个阶段，都有一些需要掌握的技巧和注意事项。

★ 掌握技巧，轻松上山

如果你登过山，就会知道上山的路段一般有陡有缓，走陡坡的感觉与缓坡的感觉非常不一样。

一般情况下，30°以上的坡就属于陡坡了，而30°以下的坡则为缓坡。

登陡坡的技巧

在爬陡坡的时候，身体通常都会产生一种站不稳、往下坠的危险感，这时候要尽量前倾上身坚持往上走。

如果登山道路较宽，行人较少，可以避免直线前进，而是走"之"字形路线，这样你的身体就会平稳很多。

如果登山道路较窄，应该减慢速度，身体前倾到舒服的程度，慢慢往上走，必要时可用手辅助。

较高较陡的山坡，青少年不要冒险尝试，但可以在安全绳的辅助和家人或领队老师的指导下一步步小心向上攀登。

挑战陡坡

登缓坡的技巧

缓坡攀登起来相对陡坡要轻松很多，登山路线可以是直线，但登山时要时刻保持屈膝、身体前倾，以免受伤。迈步时要缓而稳，脚掌全部着地，并且呈外"八"字形，这样走路会更加稳定。

★ 休息要恰当

登山行走时间长了难免疲劳，需要休息，此时有的人会选择马上坐到地上或者某块石头上，接着就大口喝水或者进食，其实这样很容易伤害身体。

登山属于一项耗能较大的运动，行进过程中一般会出很多汗，如果随便坐在地上休息很容易着凉生病。你可以用登山杖支撑身体站着休息一会儿，也可以靠着路边的树木休息。在休息的过程中不要取下背包或者帽子等，以免受凉。如果实在想要坐着休息，可以在臀部下方垫上一个防潮的东西，坐在避风的地方休息。

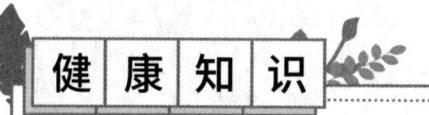

健康知识

青少年登山要合理补充水分和营养

登山时，切忌不能等到渴极或者饿极了的时候再猛喝猛吃，这样会对胃部、肺部产生较大的压力，不利于身体健康。那么，登山过程中怎样补水以及补充营养才合理呢？

- 登山之前需要补充一定量的水分，保证身体水分充足，这一点可以通过尿液的颜色判断，如果颜色为淡黄色，表示身体水分充足，颜色较深，则表示身体缺水。
- 登山之前也要吃饭，建议吃一些容易消化的面食、粥、香蕉等，但不要吃得过饱，以免造成肠胃不适。
- 登山过程中，在感到口渴或者饥饿时就要及时停下来补充水或食物，但是要少量多次地进食喝水。

★ 这样做，下山不难

人们常说"上山容易，下山难"，但掌握以下这些技巧，会让你在下山的时候更轻松。

下山的技巧也是按照陡坡和缓坡来定的，坡度不同，方法也不同。

下陡坡的技巧

下陡坡时，你需要一直保持屈膝、身体后倾的状态。如果下坡路段较宽，可以采用"之"字形路线，并用脚掌侧面支撑。

如果下坡路段较窄，可身体后倾，沿直线缓慢下行，切忌奔跑或快走，以免伤及膝盖。

下缓坡的技巧

下缓坡时，同样需要屈膝并放松膝关节，走路时脚跟先着地，之后过渡到整个脚掌，步子要小而缓慢。

攀岩

户外畅聊

青少年朝气蓬勃、活力四射，喜欢冒险，也喜欢一些具有挑战性的运动，而攀岩正是这样的运动。

如果你参与过攀岩运动，请谈谈你的体会和感受；如果你没有参加过攀岩，只是略有了解，也可以谈谈你对这项运动的期待。

挑战自我，参与攀岩运动

攀岩是一项依靠自己的手和脚攀登陡峭岩壁的体育运动，它要求参与者有较高的身体素质和心理素质。

如今，富有活力、趣味性、挑战性的攀岩运动吸引了越来越多的青少年参与其中，甚至在一些学校中也开始设置攀岩课程。

攀岩运动有竞技攀岩和健身攀岩两种。竞技攀岩技术要求比健身攀岩高，而健身攀岩适合对攀岩运动感兴趣的初学者。

攀岩场所有人工攀岩墙和户外自然岩壁。自然岩壁比人工攀岩墙更刺激、更具挑战性，如果你喜欢冒险，并且有一定的技术基础，可以选择去自然岩壁上攀岩。

人工攀岩墙攀岩

第六章 走向青山：户外高山运动

自然岩壁攀岩

基本攀岩技术学练

攀岩运动主要利用手和脚向上攀登，因此要求参与者要掌握一些基本的手部动作技巧和脚部动作技巧。

★ 手部技术

手部动作以抓拉为主，对于初学者，一些基本的抓拉支撑点的技巧是必须要掌握的。

手抓凸起物

"抓"指抓握动作，是手部的一个最常用动作，有抓握、曲握、捏握等。

抓握是指用第二指节的部分支撑发力，抓握时手掌、手指要紧贴抓握物体。

曲握是指弯曲手掌，四指并拢，拇指紧贴食指，用小拇指侧手掌边缘握住凸出支点，适用于凸起物较突出的情况。

捏握是指用四指握住支撑物，大拇指在与四指相对的位置，贴住支撑物，与拉起的力垂直。

手扣缝隙

一般情况下，自然岩壁上都有很多缝隙、凹槽等，如果没有太多空间可以抓握，就可以用"扣"的技巧。这一技巧包括拇指扣点、指甲扣点、指关节扣点等。

拇指扣点，即用大拇指扣住支撑点，适用于支撑槽为水平方向的时候。

指甲扣点，即用指甲扣住支撑点，这种方式比较容易损伤指甲，会带来较为强烈的疼痛感，适用于支撑点特别薄的时候。

指关节扣点，即弯曲第一指关节，然后扣紧支撑点，适用于支撑槽较浅的情况。

★ 脚部技术

在手部抓拉的同时，脚部也起到非常重要的支撑和发力作用，以下主要介绍踩、蹬、跨三种基本技巧。

踩的技巧

踩是指用前脚掌部分找到合适的支点，用以支撑身体重量，减轻手臂负担。踩的动作主要有正踩、侧踩、鞋前点踩等。

正踩是指用脚尖儿内侧踩点，踩点的时候尽量将身体重心放在脚尖儿；侧踩是指用攀岩鞋的前外侧踩点，这个位置对应四指所在位置；鞋前踩点主要指用攀岩鞋的正前方踩点，适用于一些比较小的支撑点，比如窄台、小洞等。

攀岩踩点

蹬的技巧

蹬是指用前脚正内侧或脚趾的蹬力支撑身体的技术，最实用的就是侧蹬，可以在很多位置使用。

侧蹬时，身体朝向与侧蹬腿相反方向，双手抓握合适的支撑点，然后侧蹬腿发力向上，手辅助。上去后侧蹬腿踩住支点，重心放在前脚掌，脚跟立起。

跨的技巧

跨是指利用自己身体的柔韧性，跨越各种距离、高度和位置，找到一个有利的踩点。

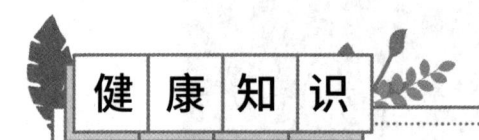

健康知识

攀岩要注意这些方面

攀岩运动量大，而且具有一定的冒险性，为了避免受伤，你需要注意以下几个方面：

- 运动前选择合适的衣服：为避免在岩壁上刮擦受伤，可以选择宽松舒适的长袖长裤。
- 运动前的热身：攀岩时手臂、腿部都要发力，因此要充分做好肩部、手腕、手指、腰部、大腿、小腿、脚踝等各个部位的热身活动。
- 攀岩要警惕：攀岩运动存在一定的危险性，所以青少年在攀岩前一定要让家长和教练检查好自动保护器挂锁，不可私自攀岩。

- 攀岩结束后要适当休息：休息时最好不要坐下，而是用缓慢走动的方式，放松手臂和腿部肌肉，同时少量多次地补充水分。
- 攀岩结束后要拉伸：为避免肌肉酸痛，在攀岩彻底结束后要充分拉伸肩部、手腕、手指、腰部、大腿、小腿、脚踝等各个部位。

滑草

户外畅聊

　　滑草是一项非常前卫的运动,如果你喜欢滑雪,应该也会对滑草感兴趣,因为它能够弥补你在冬季以外无法滑雪的遗憾。

　　当你尝试过滑草之后,可能就会觉得滑草比滑雪更有意思,更新鲜和刺激。那么,你对滑草这项运动了解多少呢?

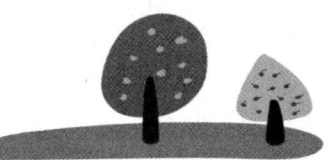

认识滑草运动

滑草是一项类似于滑雪的运动项目，别名"草上飞"，主要用履带用具在草坡上滑行，能够给参与者带来非常刺激、快乐和新奇的体验。

滑草运动在1960年由德国人约瑟夫·凯瑟始创。在创造之初，这一运动主要用于滑雪运动员在夏季的训练，如今却造福了很多温热带地区的人们。

与滑雪运动一样，滑草运动也需要大面积的山坡作为场地，而且根据参与者不同的技术水平，又分为不同难度的滑道。滑草的工具主要有滑草鞋、滑草履带、履带车、滑草单板、滑草手杖、护具等。

滑草场

必须掌握的滑草技术

你是不是觉得用精妙的滑草技巧挑战有难度的斜坡、弯道以及设有障碍的滑道是非常有趣的一件事情？但是，在挑战难度较高的滑道之前，作为初学者，你首先要掌握一些基本的动作技巧。只有从简单的地形开始练习，才能慢慢进步。

滑草的基本技巧主要包括走步、转向、平地滑行、直滑降、并腿转弯、侧身倒地、重新站起等。下面进行简要介绍。

★ 走步

走步其实是初学者适应滑草鞋、滑草履带的基本技巧。当你穿上滑草鞋、踩着滑草履带准备滑草之前，你先要学会移动位置，这样才能到达合适的位置去滑草。

走步时，手持滑草杖在身体侧后方撑地，两个滑草履带保持平行，两脚分开与肩同宽，身体稍微后倾，保持身体平衡，像平时走路一样去走步即可。

★ 转向

转向就是在滑草的过程中向左或者向右转动方向，具体动作如下：

向左转动时，左脚带动左边滑草履带向左侧旋转，与右侧滑草履带呈"V"字形，然后右侧滑草履带旋转靠拢，保持开始的平行状态，完成左转。

右转与左转动作相反，需要注意的是，转向技巧仅仅适用于平坦或坡度较小的滑草场地上。

★ 平地滑行

平地滑行难度较低，适合初学者练习。

在平地上滑草时，两脚下的滑草履带要保持平行状态，与前行方向保持一致，两脚距离与肩同宽，身体微微下蹲前倾，抬头挺胸。前进时小腿向前用力，滑草杖在身体后方支撑，由手腕用力将滑草杖向后推，使身体前行。

滑行过程中要始终保持身体重心在前。

★ 直滑降

直滑降就是在有一定坡度的草地上直线向下滑动。

在草坡上向下滑动时，使两个滑草履带保持平行状态，脚尖儿朝向前行方向，两脚间距与肩同宽，身体略微前倾，让滑草履带在斜坡上自动向下滑行。

下滑过程中保持身体重心向前，上身平稳。

★ 并腿转弯

在弯道或设有障碍的滑道中滑草，需要不断转弯调节方向，这就要使用并腿转弯的技巧。

从弯曲的草坡上下滑时，保证滑草履带的速度不能太慢，上半身保持直滑降姿势，不随意晃动。用膝盖和踝关节控制方向的转变，右转时加大左膝盖和左踝关节的力量，左转时则相反。

★ 侧身倒地

当你在滑草过程中失去平衡要跌倒时,最好以侧身倒地,这样更安全。侧身倒地的同时要举起滑草杖,并蹬直双腿。倒地后脚外侧、腰部下外侧先着地,最好不要用膝盖、手腕撑地,也不要让臀部坐向后面或身体朝前翻滚。

★ 重新站起

跌倒之后要重新站起,起身也需要掌握技巧。

将两脚下的滑草履带放平行,脚尖儿朝向下滑方向的左边或右边,再用滑草杖支撑身体,两脚踏稳后慢慢起身。

定向越野

户外畅聊

定向越野就是让你与同伴一起在树林间、山坡上、公园中或者校园中穿梭奔跑，按照地图去找寻一个个点，并逐一完成打点任务，就像做游戏一样。

很多青少年都喜欢这种充满活动和趣味的体育运动。那么，你知道定向越野是怎样进行的吗？

什么是定向越野

定向越野就是借助指南针、地图等，在设定区域内找寻点标并打点完成任务的体育运动。一般情况下，指南针用于辨认方向，地图用来查看路线和点标。

在进行定向越野之前，举办活动的负责人会根据参与人群的身体、心理等各方面素质规划好活动的区域，之后会在区域里设置各种目标点，这些目标点最后会标注在地图上，供参与者参考。

指南针

定向越野运动可以在森林、公园、校园、城市街道等各种场所中进行，而且可以设计出满足不同体质或者年龄阶段的人群的运动路线，所以深受大众欢迎。

定向越野运动能够增强青少年的身体素质，同时也能培养其识图、选择路线以及辨别地形和方向的能力，进而增强其户外生存、活动的能力。

选对路线更轻松

定向越野运动一般以团队比赛的形式展开，如果你懂得规划路线，那么在整个运动的过程中你将会节省很多的时间，从而更轻松地完成任务，赢得比赛。

在定向越野中要想规划出一条更有优势的行进路线，首先要具备良好的识地图、辨方向的能力，这个可以在平时多练习。其次，还要知道一些科学实用的路线选择原则，比如沿线性地貌行进、走平坦道路、走高位等。

线性地貌指公路、小道、湖边等，在这些地方行走更容易确定你在地图上的位置，从而更快地辨别方向。

在平坦的道路上，行走速度会更快。如果可以选择，要优先选择这样的道路。

设在岩石后面的标点标旗

走高位，即"走高不走低"，就是尽可能在高处行走，因为在高处更容易发现标旗标点位置。

不得不掌握的越野行进技巧

定向越野运动一般都包含跑步、下跳、翻越障碍物等行进方式，而这些动作都有其技巧和需要注意的方面，如果你能掌握这些技巧，在定向越野中就会表现得更加出色。

★ 跑步技巧

在进行定向越野运动时，从一个标点前往下一个标点的过程中，往往需要在不同的地形上奔跑，但盲目的奔跑其实并不科学，反而会让身体提早陷入疲惫，这就需要掌握一些科学的跑步技巧。

基本技巧

在跑步时身体要微微前倾或者挺直，这样更省力，身体也更平稳。

跑步速度不能过快，要匀速前行，切忌加速猛跑。

跑步和休息要交替进行，当身体觉得疲劳时要及时放慢速度或者走步休息。

上坡跑步技巧

为了寻找标点或者走近路等，在定向越野中不免要走一些上坡路。在上坡的时候尽量前倾身体，跑步或走步时大腿稍微抬高一些，并且用前脚掌着地。

当坡度较大时，要适当放慢速度，改跑步为走步，甚至在最陡处可以走"之"字形路线，或者用双手辅助前行。

下坡跑步技巧

下坡跑步时要微屈膝盖，上身向后倾，先以脚跟着地，然后过渡到全脚掌。

坡度较陡较滑时，要放慢速度或改为走步，可以走"之"字形路线，并且以脚掌侧面着地，也可以以半蹲的状态下坡，下行过程中可以用手拉草木或者撑地辅助。

★ 下跳技巧

定向越野中如果遇到一些高地，在无路的情况下就要选择下跳。但前提是这个高度是你可以承受的范围，注意安全，高度太高不建议下跳，容易受伤。

下跳时，一腿弯曲在边缘支撑，另一腿向下方伸出跳下，支撑腿紧随其后，两脚着地后深屈膝盖以缓和冲击。

★ 翻越障碍物

定向越野中会遇到各种各样的障碍物，比如大小宽度不一的沟、坑，高矮不一的围栏、围墙以及灌木丛、树木等。对于不同的障碍物，有不同的翻越技巧。

当遇到你可以直接跨过去的小的沟、坑或者矮的树丛、植物时，可以大步直接跨越，注意向前跨越以及落地时要保证上身前倾，以便继续向前跑。

遇到较宽的沟渠、坑洼时，按照自己的实际情况，可加速大跨步跳过，如果跨不过的，为免受伤可以先下到沟渠、坑洼底部，然后再翻越而上。遇到较高的围墙等障碍物时，可以双手支撑，一腿先搭在墙上，双手和上面的腿发力带动身体翻越。

第七章

拥抱绿水：户外冰水运动

走向户外，去拥抱清水，感受在水中运动的快乐。

穿上泳衣，在水里自由自在地游泳；戴上潜水装备，去探索美丽的海底世界；乘着橡皮艇顺流而下，享受惊险而刺激的漂流运动；准备好滑冰、滑雪装备，在冰与雪的世界里尽情地滑翔……

参与多姿多彩的户外冰水运动，你准备好了吗？

游泳

户外畅聊

穿好泳衣,戴上泳镜,走向海边或湖边的人工浴场,在碧蓝碧蓝的海水里自由自在地游泳,该是多么畅快啊!

关于游泳,你了解多少呢?你知道有哪些泳姿吗?游泳时,需要注意些什么呢?

坚持游泳好处多

作为一种常见的户外运动项目，坚持游泳不仅能够使你充分感受到亲近大自然的愉悦，而且还有很多其他的好处。

游泳是一种全身性的运动。

游泳能加强心肺功能，提高肺活量。在游泳时，人体呼气的动作大多是在水里完成的，而水的密度是远远大于空气密度的，这就意味着，在水里呼气需要人体的呼吸肌群使用更大的力量来进行，这就使得呼吸肌群的力量得到增强，从而提高了肺活量。

游泳还有美化形体的神奇作用。游泳时，人体从颈部到脚踝的全身各个关节都参与到运动中，可以使身体得到全面的锻炼。游泳会增强肌肉的弹性与柔韧性，会使身形变得健美而不过分健壮。

此外，在进行游泳运动时，人体的新陈代谢会加快，以补充身体在水中散发的热量，久而久之，便能使人体的体温调节功能得到显著的提高。

丰富多样的游泳姿势

★ 仰泳

仰泳，顾名思义，就是以仰卧的姿势在水里游泳。

仰泳时，人体躺在水面上，比较省力，头部也可以露出水面，便于顺畅地呼吸，因此这种姿势是比较适合年龄偏小的青少年在游泳时使用的。

第七章　拥抱绿水：户外冰水运动

正在学习仰泳的青少年

★ 蛙泳

与仰泳相反，蛙泳的姿势需要游泳者俯卧在水面上游泳。

蛙泳时，游泳者用手划水和在水中蹬腿的动作，像极了在水中前行的青蛙，所以被称为蛙泳。

★ 蝶泳

蝶泳的姿势是以蛙泳为基础发展而成的，在用手臂划水结束后，游泳者要将手臂从水面往上提，双臂在空中摆动前进，就好像蝴蝶在空中展翅飞翔一般，因此被称为蝶泳。

★ 自由泳

自由泳实际上并不算是一种泳姿，在竞技游泳比赛中，很多运动员都会采用最省力、速度最快的爬泳姿势，因此人们就习惯将爬泳称为自由泳。

在进行自由泳时，游泳者的身体在水中呈俯卧姿势，头部和肩部都会露出水面，以双臂交替划水来推动身体不断往前行进。

自由泳，头部和肩部露出水面

健康知识

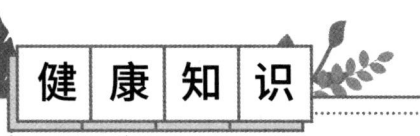

快乐游泳要注意

游泳安全不容忽视，青少年在游泳时要特别注意以下几点：

- 不能从高处跳入浅水区的水池。浅水区的水离水池底部较近，从这里跳入水中，很容易使身体撞伤。
- 预防抽筋。游泳前一定要热身，使身体各个部位都得到充分的牵拉，避免抽筋。
- 不去禁区游泳。江、河、湖、海、水库以及其他游泳禁区的水底暗藏漩涡，青少年如果贸然下水游泳，很容易发生危险。
- 游泳时不要离开家长或其他监护者的视线。

潜水

潜水与游泳一样，都是在水里进行的，不同的是，它是在高压的环境下，以水下观光和休闲娱乐为目的的运动。

潜水

潜水运动可以将你带入美丽无比的海底世界：五彩缤纷的珊瑚在水里摇曳，各种各样的鱼儿从你身边游过，还有各种颜色的海草在水波中翩然起舞……在潜水时，你可以像鱼儿一样自由自在地享受在水中畅游的乐趣。

了解潜水的种类

★ 自由潜水

自由潜水是指不携带空气瓶，只通过自身调节腹式呼吸屏气尽可能深地潜入水底，这种潜水方式就像是蹦极一样，惊险而刺激，极具挑战性。

★ 浮潜

浮潜是一种很简单的潜水方式，需要用到"潜水三宝"，即呼吸管、面镜以及脚蹼就可以进行，因此是比较适合青少年的。

浮潜又分为两种，一种是借助水的浮力浮在水面的浮游，另一种是以蹼泳的方式进行潜水的闭气潜游。

浮潜时，你需要依靠大腿摆动脚蹼来向前行进，当然也可以借助手的动作。

浮潜的潜水方式虽然简单，但也能够使你充分体会到潜水的乐趣。在浮潜中，你可以看到水底美丽的珊瑚，还可以穿越密集的鱼群，与鱼儿一起游泳。

★ 水肺潜水

水肺潜水，指的是带着压缩空气瓶潜入水底的潜水方式。

进行水肺潜水需要配备的潜水装备比较多，包括潜水服、呼吸管、面镜、脚蹼、空气瓶、呼吸器以及潜水仪表等。

水肺潜水需要依靠呼吸器在水下进行呼吸。呼吸器有封闭式与开放式两种，都是通过调节装置将空气瓶中的压缩气体转化为可供人呼吸的正常的压力。

认识潜水运动装备

要进行潜水运动，首先要认识潜水装备。

常用的潜水装备中，前文所提到的呼吸管、面镜和脚蹼合称为"潜水三宝"，简单的潜水只需要用到这三件装备就可以了。下面详细介绍"潜水三宝"及潜水服。

潜水三宝

★ 呼吸管

呼吸管是一种简易的潜水呼吸装备，其中一端是开口，另一端是咬嘴，长度一般在30厘米左右，使用时只需咬住咬嘴，自由呼吸即可，非常方便。

★ 面镜

人眼在水下看物体往往会出现一片模糊的景象，这是因为空气的密度与水的密度是不一样的，而人眼的焦距是根据空气中的光线来调节的，进入水中后物体不能正常成像映射在人眼的视网膜上。

在佩戴面镜后，眼睛与水之间有了足够的空隙，可以使你有清晰的视线，这样就能顺利看清物体了。

面镜分为单片、两片和多片镜片等多种样式，你可以根据自己的喜好挑选合适的面镜。不过，如果你的眼睛患有近视，那么就只能选可矫正视力的两片镜片款式的面镜了。

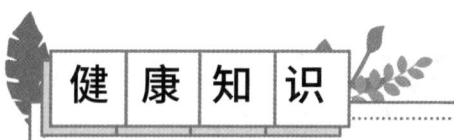

健康知识

面镜的挑选与清洗

潜水面镜可用避免眼睛长时间沉浸在海水中而引发的各种眼睛不适。因此，挑选与清洗面镜十分重要。

挑选面镜时，首先要将面镜轻放在脸上，然后用鼻子去吸气，如果此时面镜能紧贴在你的脸上，那么就说明这个面镜是适合你的。

新买的面镜上一般都会涂有保护油膜，可以用软布沾上牙膏，清除油膜。

每次潜水后，要用清水好好清洗面镜，以免海水中含有的盐分腐蚀面镜。面镜洗干净后要放在干燥通风的地方，避免阳光直射。

★ 脚蹼

脚蹼可以为你的潜水运动提供强大的动力，一般分为无跟脚蹼和套脚型脚蹼。如果使用无跟脚蹼，那么还需要穿上潜水靴，如果是在温暖的水域潜水，选择套脚型的脚蹼会更合适。

★ 潜水服

潜水服是必不可少的潜水装备，它可以为潜入水底的你保暖，也可以使你免受水里的礁石或者动物、植物等的伤害。

潜水服有潜水干衣、潜水胶衣以及鲨鱼服三种。

潜水干衣

潜水干衣适用于比较冷的水底环境下，它可以包住你的整个身体，如果你比较怕冷，还可以在里面穿上暖和的贴身内衣。

潜水胶衣

潜水胶衣有长有短，有厚也有薄。

长款潜水胶衣可以从肩部至脚部包住身体，短款潜水胶衣一般只能覆盖到上身至大腿。厚的潜水胶衣可以使你的身体更加温暖，但也会降低你的运动灵活度，而薄的潜水胶衣无法提供保暖功能，但是穿上后运动可以更加灵活。

鲨鱼服

鲨鱼服适用于比较温暖的水域，其材质一般是尼龙和合成弹性纤维，因此重量比较轻，且富有弹性，便于水下运动。

青少年参与潜水运动，应在家长和专业教练的陪同下进行，切勿独自下水。

漂流

漂流是一项勇敢者的运动。驾驶着橡皮艇，利用船桨控制方向，在蜿蜒流动的河中顺流而下，这就是漂流。

认识漂流运动的器材

★ 漂流船

漂流船一般分为橡皮艇、竹排和小木船三种类型，其中以橡皮艇的使用最多。

橡皮艇

橡皮艇，又叫作充气船，虽然质地很轻，但是韧性很好，既耐磨又耐冲击，还耐高温，非常实用。

橡皮艇

竹排

竹排由于构造的原因，在水流湍急的河流中容易翻沉，因此只适合在风平浪静的河段中使用。

小木船

小木船的适用范围比竹排要广一些，可以用在河道较直、礁石较少的河段。

需要提醒的是，无论是乘坐小木船还是橡皮艇进行漂流，都不能站立在船上或者在船上走动，否则船体很容易因失去平衡而倾覆。

★ 船桨

传统的漂流使用的船桨一般都是橡木材料制成的，近些年新出现

第七章　拥抱绿水：户外冰水运动

了一种由高强度的玻璃钢为材质的船桨，这种船桨比传统的船桨更坚固耐用，也更加轻便，很适合青少年使用。

漂流必不可少的装备

★ 救生衣

救生衣是漂流必备的救生设备，其材质一般为泡沫塑料或者软木，穿上后可以使你的身体具有浮力，如果不小心落水了，救生衣可以保证你的头部能够露出水面。

与普通的救生衣相比，漂流用的救生衣浮力更大，即使在长期浸水的情况下也能保持强大的浮力。

身穿救生衣、在成人的陪同下体验漂流的少年

★ 防水上衣

在进行漂流运动时，身体会长时间处于湿冷的状态，因此需要带上一件防水上衣来抵御冷水的侵袭。

漂流所用的防水上衣的材质与潜水服的防寒材质相同，都是合成橡胶，可以使你在冷水中长时间保持体温。

★ 头盔

在漂流中，如果佩戴好了头盔，那么就可以保护你在橡皮艇翻沉的情况下免受被河水中礁石碰撞带来的损伤。

漂流运动所使用的头盔外壳的材质是高密度聚乙烯，内衬则是防水泡沫，四周分布有透气孔以便于排水，既可以起保护头部的作用，佩戴起来也非常的舒适。

★ 漂流靴

穿上漂流靴，一方面可以在漂流的过程中起到保暖的作用，另一方面，当你在河边的岩石上走路时，也可以保护你的双脚不被划破。

★ 漂流手套

漂流手套同样可以起到保暖的作用，不仅如此，在划桨时戴上漂流手套，也可以防止你的手部起泡。

冰雪运动

滑雪

滑雪，是一种脚蹬滑雪板，手持滑雪杖在雪上滑行的运动。

在雪地上快乐地滑雪

★ 滑雪的装备

滑雪板

滑雪板的材质主要有三种：木质、铝合金和玻璃纤维。

木质的滑雪板重量比较轻，价格也比其他材质的滑雪板更低。但是由于木质材料容易受潮变形，因此在使用这种材料的滑雪板去滑雪之前，一定要在滑雪板上涂上专门的油脂。这样既可以防止雪板沾雪，也可以防止雪水渗入雪板。

铝合金材质的滑雪板适合在轻而燥的深雪以及冰面上滑行，玻璃纤维材质的滑雪板则适用于任何雪质的雪地，这两种材质的滑雪板价格都比较高。

滑雪杖

在滑雪运动中，滑雪杖也充当了很重要的角色。在开始起滑时，你需要用它来支撑身体，而在顺利滑行的过程中，你还要用它来平衡身体。

不同款式的滑雪杖长度不一，一般都在 90～125 厘米左右。初学者最好选择长一点儿的滑雪杖，等到积累了一定的滑雪经验之后，再使用稍短一些的滑雪杖。

滑雪服

滑雪服有分身和连身两种不同样式，二者各有优劣。

分身的滑雪服穿着方便，但是由于上衣与裤子不是连起来的，因此衣服内很容易进雪。连身的滑雪服能够有效防止进雪，但是穿脱比较麻烦。

在颜色上，滑雪服大部分颜色都比较鲜艳，这主要是为了安全考虑。如果滑雪者在滑雪时发生意外，服装鲜艳的颜色更有利于搜救人员在雪地里找到遇险者。

穿好滑雪服，准备滑雪的少年

★ 滑雪的注意事项

查看天气与场地

在滑雪前，你需要查看滑雪场地当天的天气情况，如果天气异常，要及时终止滑雪计划。

到达滑雪场地之后,先不要急着开始滑雪,而要先了解一下场地的大致情况,比如雪道的高度、坡度等,选择适合自己的场地进行滑雪运动。

保持冷静,安全第一

在滑雪时,要注意时刻与其他的滑雪者保持适当的距离,以免碰撞发生危险。不能为了追赶某人而突然加快速度,要时刻保持冷静,安全滑雪。

如果滑雪的场地比较大,那么一定要注意早点儿结束运动回家,以免天黑迷路。

滑冰

滑冰,也就是穿上冰鞋在冰上滑行。

去滑冰前,一定要选择安全的场地。如果是在自然结冰的湖泊、水塘等冰面上滑冰,要确保所选区域的冰已经达到了可进行滑冰运动的标准。

人在光滑的冰面上很容易站不稳,因此滑冰时保持身体平衡很重要,可以尝试采用弯腰、身体稍前倾、降低重心的姿势进行滑冰。

滑冰的场地一般都会有很多人,因此一定要时刻集中注意力,以免与旁人相撞。

需要特别注意的一点是,无论是在人工滑冰场,还是在自然滑冰场,冰上的温度都是比较低的,因此一定要穿好足以防寒的外套,戴好帽子、手套，注意保暖。运动出汗后不要急于脱掉保暖的衣服，运动结束后如果有条件要及时换上干净的衣服，以免感冒。

在冰上自由自在滑行的少年

第八章

挑战自我：酷炫拓展训练

自信、乐观、勇敢、坚韧、果断，这些都应该成为青少年在面对困境时所表现出的状态。

拓展训练可以为青少年提供挑战自我的机会；垂钓可以让青少年磨炼心性；野营可以锻炼和提高青少年的综合素质，这些户外运动能让青少年的身体和心理变得更加强大。

如果你也想尝试挑战自我，发现自己身上更多的优点，激发自己身上更多的潜能，那就走向户外吧！

户外拓展项目

户外畅聊

户外拓展可以给你一个难忘的体验。通过挑战一个个户外拓展项目,迎接和战胜一个个的困难,可以让你更加了解自己、认识自己,收获满满。

你参与过户外拓展训练吗?你听说过或知道哪些经典的户外拓展训练项目?你有没有自己特别喜欢的户外拓展项目推荐给大家呢?推荐理由又是什么呢?

对户外拓展的解读

什么是户外拓展？户外拓展都有哪些项目呢？

户外拓展也称为"体验式培训"，是指以自然环境为场地，有一定探险性质或者体验探险性质的体育活动项目群。

户外拓展训练的运动场地设在自然环境之中，会给青少年一种回归自然的感觉。

户外拓展项目种类多样、内容丰富，而且符合运动学与心理学相关知识原理，并要求运动组织者、参与者严格遵守操作规范，兼具挑战性和探险性，且安全系数高。

总之，户外拓展运动属于一种综合性的学科知识指导下的户外运动，有助于提高青少年的身体状况、团队精神、协作能力、思维能力、意志水平等，值得参与和深入探索。

适合青少年的户外拓展项目

户外拓展项目的内容非常丰富，而且形式多样、种类齐全，每种训练项目都有强身健体、愉悦心情、增进情感、促进合作等作用。此外，户外拓展项目对于青少年的注意力、进取心、自信心等也有促进作用。参与户外拓展项目有助于促进青少年的身心全面发展。

户外拓展项目多达上百种，具体涉及高空项目、半高空项目、场地项目、水上项目、自然环境等不同运动环境的项目。

这里重点推荐几个经典户外拓展项目：信任背摔、众志成城、空中抓杠、高空断桥。

第八章 挑战自我：酷炫拓展训练

★ 信任背摔

信任背摔是非常经典的户外拓展项目。

参与挑战的青少年需要站在一个高 1～1.5 米的高台边缘上，背向高台边缘，双腿并立，双手胸前交叉拥抱自己，向后平直躺下。同伴们站在挑战者身后的高台下做保护者。保护者分成两个纵队，两两相对、左右紧邻，双手搭握在对面伙伴的双肩上，做好准备接住高台上平躺落下的挑战者。

这里需要特别强调的是，接住挑战者后，保护者们不要急于庆祝而松手，要将挑战者"先放脚后将身体扶正"安全放下；另外，保护者尽量选择身强力壮者，多次接挑战者后要及时更换保护者，以避免保护者因疲劳而失手。

信任背摔可以帮助青少年克服恐惧，有助于提高团队成员之间的信任关系和凝聚力。

信任背摔中保护者手臂交叠搭握的方式

★ 众志成城

众志成城适合 20 人以上团队参与，拓展教练先将参与的青少年分为多个组，每组 8～10 人。

通常，在挑战区域的场地上会铺上多个 1 平方米的泡沫拼图，各组成员站在拼图上，站立的方式不限。

每个青少年都不可以将脚放在拼图外，否则视为淘汰。每进行一轮比赛，都要去掉一块拼图，然后青少年再站在拼图上，直至淘汰剩下最后一组为获胜。

众志成城可以训练青少年的合作能力，而且可以提高青少年的责任意识。

★ 空中抓杠

空中抓杠就是在距离地面一定高度的空中，努力抓住悬在前方的单杠。

所有参与空中抓杠的青少年在做好保护措施的情况下，有序地爬上支撑杆；调整呼吸，让自己尽可能平静下来；锁定好目标——单杠，努力跃出，稳稳地抓住单杠。

空中抓杠的户外拓展项目除了能增强青少年的自信心，还能让其感受到信任、团队合作的重要性。

★ 高空断桥

高空断桥项目的断桥是在距离地面一定高度的空中搭建的一座独

木桥，并且桥的中间是断开的，需要挑战者跨越过去。

高空断桥适合 10～16 人参与，青少年依次登上高台，挑战跨越空中的断桥，地面上的同伴及时给予挑战者鼓励。

在正式训练前，青少年需要接受培训，掌握安全带、头盔、主锁和上升器的使用方法，并认真观察和学习教练演示的动作和方法。

每一位参与高空断桥的青少年做好安全防护后，即可沿着扶梯爬上断桥；从断桥的一侧迈向另一侧，然后再迈回，期间完成两次跨越；最后返回地面。

青少年通过参与高空断桥的户外拓展训练，可以克服恐惧心理，也可以学会激励他人。

高空断桥

健康知识

高空断桥的注意事项

高空断桥对于青少年参与者的要求较高，它属于高空项目，难度和风险都较大。那么，在参与高空断桥项目之前需要青少年做些什么准备？遇到突发状况需要如何处理呢？具体参考如下：

- 患有特殊疾病的青少年应慎重参与。比如，有严重的外伤病史、心血管疾病、精神疾病、慢性病及并发症等，如要参与最好咨询医生。
- 做好安全措施。戴好装备，检查好器械，上训练架之前再次检查一遍。
- 认真进行陆地模仿和试跳。记住跳的标准动作。
- 在桥上跳之前不可助跑，要扶好绳子保持平衡。
- 如果出现严重不适，如呼吸急促、动作僵硬、有呕吐征兆等，要及时向教练示意，必要时终止挑战。

总之，青少年要谨慎对待高空断桥这项拓展训练，对自己负责，也对自己的团队负责。

垂钓

垂钓，俗称钓鱼。如今，垂钓成了一种很流行的户外拓展训练方式。因为很多青少年在日常生活中较难接触到垂钓，所以如果有机会坐在河边安静地垂钓，那将会是很不一样的感觉。

虽然垂钓不需要青少年有多么大的力量、柔韧性，也不需要与他人的协作，但是垂钓能极大地考验一个人的耐心。

垂钓的用具准备

垂钓之前必须准备好两种用具：鱼竿和鱼饵。

鱼竿的外观不能有外伤，竿体要垂直，每节拆开后可以看到里面是光滑的，两端不能有裂口。

鱼饵要选择硬度、大小、重量都适中的，以便于鱼儿来吃。通常情况下，鲤鱼比较喜欢菜籽饼粉、发酵过的酒糟、烘干的麦麸等制作的诱饵；青鱼、鲶鱼喜欢用螺蛳肉、芝麻粉、猪肝、蚯蚓粉等制作的诱饵；鲫鱼、草鱼等喜欢用小麦粉、玉米粉制作的诱饵；鳊鱼喜欢添加了海藻、水藻等植物的诱饵。

通常情况下，一年四季都适合垂钓，只是垂钓时要抓住时机，讲究一些方法。

垂钓要选择早上，中午和晚上不适合垂钓。

垂钓可以尽量选择雨后，那时候鱼儿会很多。

如果在夏季垂钓，青少年在垂钓前应撑好遮阳伞、备好水，做好防晒工作。

在垂钓时要尽可能保持安静，耐心等待鱼儿上钩。

鱼情判断与抛竿

判断水中鱼情的方法：观察水纹，当水中有鱼游动时，水面可能会泛起微波（说明水面附近有鱼在游动）或者掀起涡漩波（说明水底有鱼在游动）；观察气泡，气泡源于鱼在水中觅食时吐出的气泡漂浮到水面（鱼越小，气泡就越小，上浮的速度就越快）；观察水草，如果水草的叶子出现残缺不齐或者只剩下茎秆，说明可能是被鱼咬的，附近应该有鱼；观察岸边有没有小鱼出没，如果岸边有大量的小鱼游来游去，说明水中央也有许多其他鱼类。

抛竿是垂钓的一个关键环节，决定着能否钓到鱼儿。青少年要用合适的力量将竿抛出去，可以多尝试几次，感受合适的力度。如果抛竿的力量太轻，那么钓线就抛不出去；如果抛竿的力量太重，将可能将钩坠返回来。恰到好处的抛竿是钓线伸直后，钩坠前冲力完全消失，自然飘落入水，不容易惊扰鱼儿。

学习判断鱼情

抛竿的主要技巧是：站在河边，面向水面，右手持竿，左手捏住脑线，手臂伸直将钓线拉到侧后并绷紧，同时上抬钓竿，让拉力与竿的弹力合在一起，将钩坠弹出去。

判断鱼是否上钩

判断鱼是否上钩的方法：如果鱼漂的尾部出现摆动或抖动，这说明有小鱼正在附近觅食，此时不要急于起钓，要耐心等待与观察；如果鱼漂的尾部有很大的浮动并且鱼竿也不停晃动，那么就要果断收竿，别让已上钩的鱼逃跑；如果浮漂快到底时没有正常降落，下降速度比浮漂正常降落的速度缓慢或者迅速，说明有鱼正在咬钩。

查看鱼儿上钩情况

野营

户外畅聊

品尝完精心准备的小食、饮料,可以与同伴们玩一玩游戏,累了,还可以躺在舒适的帐篷里小憩一会儿。美好的假期,不妨就用野营来度过吧。

你有过野营的经历吗?你觉得野营给你最大的收获是什么?你知道野营都需要做什么准备吗?

野营是一种非常浪漫和具有挑战性的户外活动,离开城市在野外搭帐篷,度过一个或多个夜晚。如今,野营成了越来越多的人群向往的一种户外活动。

野营能让青少年有哪些收获

野营可以让青少年更深切地感受大自然的狂风、暴雨、和煦的阳光、幽深的森林，与大自然融为一体，从而激发出对自然的敬畏之情。

野营也能让青少年的身体得到锻炼。

野营中可能会遇到各种状况，这对锻炼青少年的随机应变能力、团队精神、领导能力以及意志力等都很有用。

野营装备

野营需要的装备是有很多讲究的，这些装备能帮助你在野外生活一段时间，所以要尽量准备充分。

青少年在野营之前要准备三类物品：户外服装、常用药品、求生工具、食物和水。

在准备户外服装时，青少年尽量选择贴身的长衣长裤。鞋子尽可能选择合脚的，有防滑作用的。此外，要准备好御寒的衣物，因为野外夜晚的温度会比较低。

野营之前需要准备的药品应该有外伤药、驱蚊药、止泻药等。

野营所需的求生工具有帐篷（或搭帐篷的物品）、吊床（或帆布）、铲子、望远镜、放大镜、多功能工具刀、手电筒、哨子、打火机、针线等。

第八章 挑战自我：酷炫拓展训练

根据人数和野营的时间准备充足的食物和水。食物尽量是开袋即食的，或者只需简单制作即可食用的；食物要易于存放，不会快速变质。如果要自己搭灶制作食物，还要准备好油、盐、酱、醋等调料。水最好为纯净水。

野营活动中遇到的美丽星空

野营技巧

★ 搭建帐篷

青少年可以使用自行购买的帐篷,此类帐篷按照说明书搭建即可。这里要说一说传统的简易帐篷的搭建方法。

屋顶帐篷:将一个长绳拴在两棵树之间,将方块防雨布搭在绳子上,底边要用重物压牢,然后找一些草铺在帐篷内。

多人房屋形帐篷:先找一块平整的空地,将塑料布铺在地上;然后用钉子将四个角固定在地上,找一些木棍作为帐篷的支撑,用绳子绑住支撑的木棍,使其更加稳固;最后用一些防雨布盖在固定好的支架上。

★ 搭建床铺

如果野营地的地面潮湿,青少年可以为自己搭建床铺。床铺可以搭在帐篷里,也可以搭在帐篷旁边,作为一个临时休息的地方。

吊床:在帐篷附近找两棵间距适中的大树,然后将事先准备好的吊床拴在两棵树上。如果太阳直射或者下雨,可以在上面再拉一根绳子,搭上防雨布,固定四角。

管形床:找一块结实的帆布或其他布料,将两边绑在一起,形成管形的床面;找两个长度一样的木杆,将它们的一端扎在一块,然后让木杆穿过帆布管形床面,再放在架子上,各个交叉点绑好。

第八章 挑战自我：酷炫拓展训练

★ 搭建炉灶

搭建炉灶既可以生火做饭，又能取暖、照明。

悬吊式炉灶：找两根结实的带叉的树枝（简易金属支架亦可），然后将其牢牢地插在地上；再找一根结实的木棍横在两个树杈上；接着就可以将锅吊在上面，在锅下面生火。

悬吊式炉灶

"∩"形灶：找一些大小相同的石头块，然后将它们堆成"∩"形，构成一个小炉灶。让灶门迎着风，并且将"∩"形石块间留出一点儿空隙，以便通风。最后，将锅直接放在搭好的"∩"形灶生火。

野营炉灶的搭建有很多种，这里不再一一讲述。

搭建炉灶时，可以利用携带的器具，也可以充分利用户外的树枝、石头等自然物体。

野营时，时刻谨记用火安全，用餐结束，离开野营和野炊地点时，请一定确保炊火已经完全熄灭，避免引发火灾。

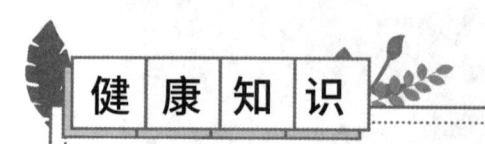

健康知识

如何在野外取水

水是野外生存非常重要的一样东西。如果没有水，就无法喝水、做饭，更无法洗洗涮涮，存在诸多不便。在野营之前，青少年最好准备充足的饮用水。但是，因为野外时常会遇到一些突发状况，原本备足的饮用水很可能很快就被用光，所以掌握一些野外取水的方法非常重要。

- 找水源的方法：可以根据天气变化、植物生长情况、地形、动物活动情况等来寻找。比如，低洼的地方、缓坡斜地可能有水；有青蛙、蜗牛的地方有水；等等。
- 取水的方法：比如，可以将雪或者雨水用容器收集起来使用。另外，大自然中的一些植物中含有大量的水分，如芭蕉，只需将其底部砍断，就能从茎中收集到干净的液体。

- 过滤水的方法：收集到一些水以后，最好不要直接饮用，应该先过滤一下，以免影响身体健康。过滤水的方法也有很多，比如沉淀法，即可以在水中放入捣碎的核桃壳、仙人掌等搅拌均匀再沉淀约半个小时；海水淡化法，即可以直接将收集的海水用锅煮，收集蒸馏水（在锅盖里铺上毛巾，用于吸附蒸馏出的水珠，然后将其拧在容器中），这样获得的蒸馏水就是可以饮用的淡水。

第九章

科学运动防护，安全归来

防护，是户外运动不可忽视的问题。

唯有科学防护，方能得到有效的锻炼。

青少年要想通过户外运动发展身心，应重视做好运动防护工作。

防护工作做得到位，才能安全归来，并期待再次与大自然的重逢。

及时补水

户外畅聊

经常在户外运动的青少年一定能感觉到，只是简单的跑一跑、跳一跳就会出很多汗，一流汗就会感到很口渴。所以，青少年在户外运动之前一定要备好水，以便可以及时补水。

你认为补水重要吗？在户外运动中如何补水呢？应该在感到口渴时再补水还是应该在口渴之前就要适当地补水？

水是生命之源。如果人体长时间缺水，将会导致慢性脱水，身体也会出现许多问题，如口臭、头晕目眩、运动能力差、皮肤干燥、容易疲劳等。

因此，千万不要让身体经常性地缺水，应重视日常的补水。

户外运动期间及时补水

同样，在运动期间，特别是户外运动期间，人体更需要补水。

青少年在参与户外运动时，会出大量的汗，身体很容易脱水。当青少年在户外运动中缺水时，身体也会发出一些明显的信号。

轻度脱水会出现口渴、尿少、运动疲劳、抽筋等症状；中度脱水会伴有严重口渴、心率加快、抽筋、出现幻觉、狂躁等症状；重度脱水将会有呼吸频率加快、肌肉严重抽搐、幻觉甚至昏迷等症状。

因此，在户外运动过程中，一旦出现一些轻微的口渴、烦躁、胸闷气短等症状，必须马上补水，以免发生更为严重的后果。

需要特别说明的是,口渴并不是判断人体是否缺水的一个固定的标准。青少年感到口渴时,说明其体内已经缺水有一段时间了,真正要补水的时机不应该只放在出现口渴等一系列症状后。

科学的补水应该分三个时段:运动前、运动中和运动后。

运动前1～2小时,分2～3次补充共计大约500毫升的水(但也要根据自身情况,不要让自己觉得"很饱",否则会影响训练)。

运动中可以少量多次补水,中间最少间隔15分钟以上,每次100～200毫升的水。

运动后不要立即喝水,要让呼吸和心跳恢复一段时间,大概休息10分钟,呼吸和心跳恢复正常后,可以喝大约300～400毫升的水(但也要根据自身情况,不要因为喝太多而加重肠胃负担)。

不管是哪个时段补水,都要尽量小口慢慢喝。

户外运动所喝的水最好是凉白开,不要喝冰水、碳酸饮料等;如果运动量很大,或者训练时间超过三个小时,可以适当地喝一些牛奶。

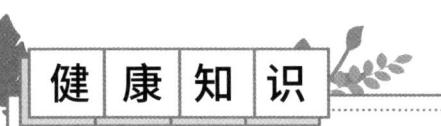

健康知识

在运动中,身体中的水的生理性功能

要想预防因为运动缺水而给青少年的身体带来更大的影响或更严重的后果,就有必要清楚运动补水的真正原因,即身体中的水在运动中的生理功能。

- 润滑。水犹如体腔和肌肉关节中的润滑剂,还对人体器官与组织有保护与缓冲的作用。
- 运输和溶解人体内的物质。水有很大的溶解性，可以增大体内物质的流动性和溶解性，加速生化反应。
- 调节体温。在运动过程中，人体可以靠水稳定体温。
- 维持人体内脏的机能与形态。当人体的水分比较充足时，才可以维持住良好的细胞功能，才能获得最大的身体机能与体力。

运动伤病的及时处理

户外畅聊

在户外，一旦遇到摔伤、扭伤等伤病，处理起来就会比较麻烦。一方面，伤者所在的地点可能难以被找到，得不到及时的救治；另一方面，自己准备的急救物品可能不太完备。总之，因为户外有太多不确定因素，所以会给伤病处理增加许多难度。但是，为了防止伤势加重，青少年必须掌握一些基本的伤病处理方法。

你在户外运动中遭遇过伤病吗？运动伤病发生的原因有哪些？发生运动伤病，要怎样处理？

经常参与户外运动的青少年，难免会遇到大大小小的伤病。遇到伤病不可怕，可怕的是不知道怎样处理。

发生伤病的原因

通常情况下，运动伤病发生的原因有以下几个：

其一，当身体机能、素质、动作控制能力等下降时，仍然坚持超负荷的训练，就容易造成免疫力低下，让疾病乘虚而入，患上感冒、消化道不适等疾病。

其二，在存在基础伤病或者在身体局部仍处在疲劳状态中，就施以更大的运动负荷时，就容易发生局部的伤病。

其三，注意力不集中，动作不协调，运动时容易受伤。

其四，当没有做好准备活动的情况下就开启户外运动，也容易引起一些器官或内脏的损伤。这里的准备活动具体涉及体能能力、机能能力、心理能力、智力等。

其五，动作和力度不合理，也容易造成创伤。比如，外"八"字跑步会导致外部脚掌过于用力，会增加骨折的风险。

其六，运动负荷太大。比如，每周要打四五次篮球，即使身体已经很疲惫还继续打，很容易因为体力不支而发生损伤。

运动伤病的处理方法

每一次户外运动都有受伤的风险，掌握一些伤病的处理方法，在发生意外伤病情况时将会起到大作用。

第九章 科学运动防护，安全归来

★ 擦伤

擦伤是青少年参与户外运动时最容易出现的运动损伤。例如，在球类运动的跑动过程中摔倒，骑车、玩轮滑与滑板时不小心摔倒，被球打到等，都容易引发擦伤。

青少年发生擦伤后，其皮肤表面会有明显的破口，创面为苍白色，而且会有一些小的出血点或者渗出组织液。皮肤擦伤可以根据擦伤的程度做不同的处理。

如果是轻微擦伤，要先清洗伤口，然后涂上红药水或紫药水，一周左右即可痊愈。如果是面积较大的擦伤，需要先用碘酒或酒精对伤口周围进行消毒，接着用纱布包扎，从户外回来后及时找医生做进一步处理。

玩滑板摔伤的女孩儿

★ 挫伤

挫伤在青少年的户外运动参与过程中也较为常见，如在用手接排球或篮球时，在户外攀爬时，稍有不慎就会导致挫伤的发生。

挫伤与擦伤相比，损伤要更严重一些，主要症状表现为疼痛、肿胀、肢体功能或活动障碍、不同深度的伤口或皮肤擦伤等。

在户外运动中，如果发生了挫伤，也应该根据轻重程度采取不同的处理方法进行处理。

如果是轻微的挫伤，首先要对受伤部位进行冷敷或者涂上药，然后进行加压包扎，最后将患肢抬高，以减少出血和肿胀。如果是肌肉挫伤，应该先包扎固定伤肢，然后立即就医。如果挫伤严重，出现休克，要先让伤者平卧，一边对其进行急救（心肺复苏、止血等）一边等待120的救援。

★ 扭伤

户外运动中的扭伤，多发生在跑步、球类、攀岩、跳投等运动项目中，如跑步时扭伤脚踝、大力击球时扭伤手腕。

扭伤后的典型症状表现主要有疼痛、肿胀、活动受限，还可能伴有瘀斑淤血。

不同部位和程度的扭伤要采取不同的处理方法。

如果发生指关节扭伤，要先对伤处进行冷敷，轻轻揉捏几次，然后用胶布固定伤指。受伤的第三天开始，可以让手指做一做屈伸活动，并且擦一些红花油或者舒活酒。

如果是腰部扭伤，必须马上停止运动。如果疼痛剧烈，要立即前

第九章　科学运动防护，安全归来

往医院进行救治。

如果是踝关节扭伤，可以先用大拇指压住痛点，并且检查是否有韧带断裂的症状（强迫做踝关节的内翻与前抽屉试验检查）。如果扭伤后疼痛剧烈，应马上就医。

★ 关节脱位

如果发生肩关节脱位，可以找两条类似于三角巾的带状物，尽量折得宽一些，一条用于悬挂前臂，另一条从伤肢的上臂绕过，在肩侧腋下打结。

如果肘关节发生脱位，可以找到一个类似于铁丝夹板的物品，将其折弯，放在肘后，并用绑带固定，接着用绑带将悬着的手臂固定好。上肢得到固定之后，应立即送医进行复位。

如果施救者没有经过专业的训练，不可轻举妄动，应尽早就医。

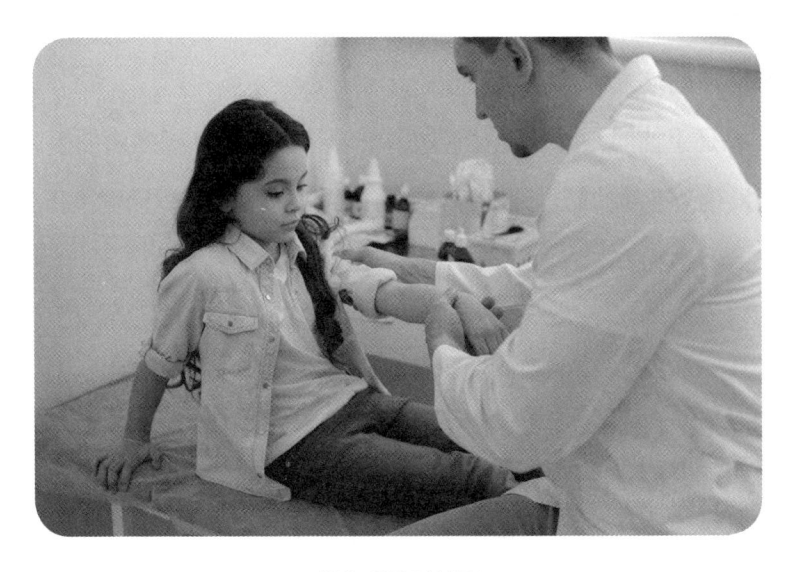

损伤后及时就医

★ 抽筋

参与户外运动时，肌肉突然发生的抽筋（肌肉痉挛）情况会很疼，而且还会影响接下来的身体活动。

自己发生抽筋或遇到同伴发生抽筋后，一定不要慌张，要及时均匀地牵引抽筋的肌肉，以缓解疼痛。

根据不同身体部位的抽筋情况，可以采取一些更有针对性的处理方法，具体如下：

如果是脚趾抽筋，可以做反向牵拉的动作，坚持1～2分钟，即可缓解抽筋症状；可以脱掉鞋袜，对疼痛的脚趾进行按摩；平时可以多用热水泡脚，促进脚部的血液循环。

如果是小腿抽筋，可以站起来走一走，待疼痛消失，最好再多走动走动，以免再次抽筋；也可以坐在椅子上，两脚踏地轮流交替用力跺脚，或用手抵住墙壁，抽筋的脚紧贴地面，身体慢慢前倾，直到小腿肌肉有被牵拉的感觉。抽筋消退后，如果还觉得有点儿痛，可以冰敷缓解肌肉的疼痛。

如果是手抽筋，可以先对手做一下牵拉，然后揉搓疼痛的手，待手掌发红发热，手部抽筋得到缓解后，可以做一些手指操以活动手指关节。

★ 晕厥

当青少年在户外运动中突然晕厥时，也要引起重视，先要分析原因，然后采取相应的措施。

通常，一个人在晕厥前会表现出一些不适，如头昏、乏力、眼前发黑、耳鸣、恶心等。因此，如果事先有这些症状时，最好暂停当前

第九章 科学运动防护，安全归来

的运动，同时向同伴说明自己的症状，然后到一旁休息。

在运动过程中，如果青少年发现有同伴出现如面色苍白、呼吸急促、意识模糊等症状时，应该一边采取急救措施一边呼叫老师或教练前来支援。

等待救援的同时，将晕厥的青少年放在一个平坦的地方，使其平卧或头部稍低，松解衣带，用热毛巾擦脸，对下肢进行简单的按摩。

如果觉得情况严重，应马上拨打120听从医生的指导抢救患者并等待医生的到来。

在患者没有恢复意识之前不要让他喝水、吃东西，清醒之后也必须在医生的指导下进食。

★ 食物中毒

在野营过程中可能会有野外采摘的环节，如采野菜、蘑菇、野果等，然后经过简单的烹饪或者清洗一起分享食用。但是，如果对野外生长的食物不是特别了解，就很容易发生食物中毒。

另外，青少年如果去参加野营，自带食物时要特别留意食物的存放方式和保质期，如果食物存放不当或过期，就会发生变质，那么食用后也可能会中毒。

一旦发现有食物中毒的情况，要立即采取急救治疗，如催吐、清肠、洗胃等。

催吐是可以自行完成的。催吐时，可以先大量且快速地喝水，然后强迫自己呕吐，将毒物吐出。

清肠也是很有效的处理食物中毒的方法，即吃一些泻药将毒物排出。当然，青少年要想通过清肠来处理食物中毒的情况时，必须听从随行的老师、家长的建议，以免造成严重的后果。

无论是何种情况的中毒，都应该在做急救处理后，去医院接受更系统专业的检查，接受专业医生的治疗。

★ 中暑

在户外，特别是在炎热的夏季参与户外运动，阳光照射充足，气温高，再加上从事高强度、长时间的运动，如跑步、足球、野营等，很容易引发中暑。

中暑后，首先要做的是降温，即找到一个凉快、通风的地方坐下或者躺下休息；然后，让头部的位置高于身体其他部位，让衣物尽量宽松，找到冰凉的物品对身体时行冷敷，或者用凉水擦拭自己的皮肤。同时，可以喝一些凉水，让身体快速降温。

如果青少年在户外运动的过程中突然昏迷，同伴要一边急救一边准备送医治疗。

★ 运动性腹痛

运动性腹痛指因为体育运动而引起或诱发的腹部疼痛。运动性腹痛多发生在长跑和一些剧烈的运动中。

青少年之所以会出现运动性腹痛，可能是因为在运动前没有做好准备活动，或者因为活动的强度突然加快、身体状态不佳，或者是运动前喝水太多、吃得太饱，或者是在运动时没有调整好呼吸而引起了膈肌运动异常，或是腹部受凉等。

肋骨与下胸部的锐痛可能是呼吸肌活动紊乱或痉挛引起的疼痛。

上腹有钝痛或胀痛，可能与肝脾淤血有关。上腹部或肚脐周围有钝痛、胀痛甚至绞痛，可能与胃肠功能紊乱或痉挛有关。

当青少年发生运动性腹痛时，可以采取的处置方法是：如果明确不存在器质性疾病，只需放缓运动的速度，呼吸加深一些，同时用手按压疼痛的部位慢跑一会儿，疼痛就会得到缓解；如果这种方法并未减轻疼痛症状，反而更加严重，那么就必须马上停止运动，并尽快联系医生进行救治。

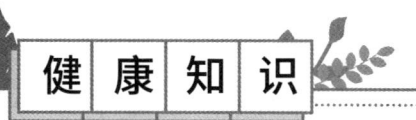

健康知识

判断伤病的原则与顺序

虽然面对伤病，伤者或同伴都会非常着急，但是此刻着急是没有用的，必须先平复心情，保持清醒的头脑。此外，还必须认识到，掌握一定的处理伤病的方法对于应对伤病非常重要。面对伤病时，首先要做的并不是急于对伤口或病症进行处理，而是要对伤病情况做一个初步的判断。具体而言，判断伤病情况的原则和顺序如下：

- 施救者要确保自身是安全的。
- 判断现场情况，分清轻重缓急，及时求救。如果是多人受伤，要先救治伤势较重的伤者，并及时求救。
- 判断伤者是否出现脊椎损伤、骨折、心脏骤停等症状。如果有脊椎损伤、骨折或心脏骤停等伤病，千万不要移动伤者，应该松解患者衣扣，保持呼吸顺畅，并及时呼救。

运动后的整理放松

运动后的整理放松可以是慢跑，也可以是慢走，还可以做一下拉伸。

户外运动后，整理放松的必要性

因为户外运动后体内会堆积大量的乳酸，所以很容易在2～3天内出现肌肉酸痛的症状。对此，在做完户外运动时，不要急于回到家中休息，而应该做一些拉伸，让乳酸快速从体内排出，以防治身体发生酸痛。

在户外运动中，人体的肌肉会处在紧张和充血状态，所以会变得非常坚硬。如果每次户外运动都无视对肌肉的整理放松，让肌肉长期处于紧张和僵硬的状态，将会让身体变得越来越僵硬。

户外运动结束后及时地进行放松非常必要，它能有效缓解身体疲劳，快速恢复体力。

激烈的运动后，身体能量的代谢会产生许多废物堆积在体内，所以适当的整理放松，如拉伸、慢跑等，可以加速废物转移的速度，促使其快速从身体里排出。

通过拉伸来完成运动后的整理活动

运动后的整理工作非常重要，放松慢跑、身体局部肌肉拉伸，都有助于身体从运动状态慢慢过渡到静止状态，这里重点介绍如下几个方便实用的拉伸动作。

★ 胸部、肩部、手臂肌肉拉伸

动作一：站立或者坐在某处，后背挺直，双手在头上交叉，掌心向上；两手交叉用力向上伸展，直到手臂肌肉有紧绷的感觉，保持10秒。

动作二：站立或者坐在某处，后背挺直，屈左肘且折放在后颈附近，右手从头后扶住左上臂；右手用力，将左手往里拉（头的方向），保持15~20秒。换另一侧，做相同动作。

动作三：两脚开立与肩同宽，左手叉腰，右手放在头顶左侧；腰部和右手臂用力向身体左侧伸展，上半身尽可能向左侧倾斜，保持10秒。换另一侧，做相同动作。

★ 臀部、腿部肌肉拉伸

动作一：坐在地上，左腿伸直，右腿屈膝且脚掌落于左腿外侧；

两手放在身体右侧的地面上；手扶住地面且臀部与右腿用力向身体左侧拉伸，保持15~20秒。换另一侧，做相同动作。

动作二：坐在地上，双腿伸直、双脚并拢；后背挺直，两手用力向前碰触并尝试抓握脚尖，下压两腿，保持15~20秒。

动作三：左脚在前，右脚在后，两手叉腰；微屈左膝或使左腿大腿与地面平行，右腿向后蹬伸，尽量伸直，右脚跟用力紧贴地面，使右侧小腿肌肉保持紧绷状态，保持20秒。换另一侧，做相同动作。

户外运动后做拉伸的少女

参考文献

[1] 李方江. 青少年体育运动快速入门：青少年户外运动快速入门 [M]. 北京：光明日报出版社，2014.

[2] 蔡鹏飞. 我要长高个：青少年矫形增高 [M]. 成都：四川科学技术出版社，2013.

[3] 郝建新. 身边科学365问：未成年人读本 [M]. 太原：山西科学技术出版社，2010.

[4] 李爱君. 超图解学轮滑 [M]. 北京：北京理工大学出版社，2014.

[5] 福州市温泉小学，福建省海西轮滑俱乐部. 少儿轮滑初级教程 [M]. 福州：福建科学技术出版社，2012.

[6] 郑亚平. 大众自行车运动知识与实践攻略 [M]. 北京：化学工业出版社，2012.

[7] 王延光. 最受欢迎的全民健身项目指导用书：轮滑 [M]. 长春：吉林文史出版社，2015.

[8] 于华，朱卫东，李如松，李文辉. 体育与健康 [M]. 南京：南京师范大学出版社，2010.

[9] 王松，古彬. 大学生体育与健康 [M]. 武汉：华中科技大学出版社，2018.

[10] 王润平，杨文娟，孙伯乐.球类教学训练理论与方法[M].北京：清华大学出版社，2017.

[11] 孙亮亮，张建，谢纳.大学生体育与健康[M].成都：西南交通大学出版社，2015.

[12] 张五平.激情篮球[M].广州：广东世界图书出版公司，2010.

[13] 徐菲菲，林雨庄.运动旅游[M].南京：东南大学出版社，2019.

[14] 李纲，张斌彬，等.户外运动技巧——攀登篇[M].青岛：中国海洋大学出版社，2019.

[15] 胡炬波.户外运动与拓展训练[M].杭州：浙江大学出版社，2017.

[16] 刘小沙.定向越野[M].天津：天津人民美术出版社，2016.

[17] 冯志远.教你学潜水·冲浪[M].沈阳：辽海出版社，2010.

[18] 张建新，牛小洪.户外运动宝典[M].武汉：湖北科学技术出版社，2008.

[19] 陶宇平.户外运动与拓展训练教程[M].成都：电子科技大学出版社，2011.

[20] 李凌.体育与健康[M].北京：高等教育出版社，2012.

[21] 徐宪江.青少年避险自救百科知识（第4册）[M].长春：吉林出版集团有限责任公司，2013.

[22] 关欣，王新，魏国，谢艳春.健康幼儿投掷能力发展的运动学分析[J].沈阳体育学院学报，2013（6）：85-88.